탈레스가 들려주는
원 2 이야기

조재범 지음

NEW
수학자가 들려주는
수학 이야기
39

탈레스가 들려주는
원 2 이야기

㈜자음과모음

추천사

수학자라는 거인의 어깨 위에서 보다 멀리, 보다 넓게 바라보는 수학의 세계!

수학 교과서는 대개 '결과'로서의 수학을 연역적으로 제시하는 경향이 강하기 때문에 학생들은 수학이 끊임없이 진화해 왔다고 생각하기 어렵습니다. 그렇지만 수학의 역사는 하나의 문제가 등장하고 그에 대해 많은 수학자가 고심하고 이를 해결하는 가운데 새로운 아이디어가 출현해 온 역동적인 과정입니다.

〈NEW 수학자가 들려주는 수학 이야기〉는 수학 주제들의 발생 과정을 수학자들의 목소리를 통해 친근하게 이야기 형식으로 들려주기 때문에 학생들이 수학을 '과거 완료형'이 아닌 '현재 진행형'으로 인식하는 데 도움이 될 것입니다.

학생들이 수학을 어려워하는 요인 중의 하나는 '추상성'이 강한 수학적 사고의 특성과 '구체성'을 선호하는 학생의 사고 사이에 존재하는 간극이며, 이런 간극을 줄이기 위해서 수학의 추상성을 희석시키고 수학 개념과 원리의 설명에 구체성을 부여하는 것이 필요합니다.

〈NEW 수학자가 들려주는 수학 이야기〉는 수학 교과서의 내용을 생동감 있게 재구성함으로써 추상적인 수학을 구체성을 갖는 수학으로 변모시키고 있습니다. 또한 중간중간에 곁들여진 수학자들의 에피소드는 자칫 무료해지기 쉬운 수학 공부에 윤활유 역할을 해 줄 것입니다.

〈NEW 수학자가 들려주는 수학 이야기〉의 구성을 보면 우선 수학자의 업적을 개략적으로 소개하고, 6~9개의 강의를 통해 수학 내적 세계와 외적 세계, 교실 안과 밖을 넘나들며 수학 개념과 원리를 소개한 후 마지막으로 강의에서 다룬 내용을 정리합니다.

이런 책의 흐름을 따라 읽다 보면 각각의 도서가 다루고 있는 주제에 대한 전체적이고 통합적인 이해가 가능하도록 구성되어 있습니다. 〈NEW 수학자가 들려주는 수학 이야기〉는 학교 수학 교과 과정과 긴밀하게 맞물려 있으며, 전체 시리즈를 통해 학교 수학의 많은 내용들을 다룹니다. 따라서 〈NEW 수학자가 들려주는 수학 이야기〉를 학교 수학 공부와 병행하면서 읽는다면 교과서 내용의 소화 흡수를 도울 수 있는 효소 역할을 할 것입니다.

뉴턴이 'On the shoulders of giants'라는 표현을 썼던 것처럼, 수학자라는 거인의 어깨 위에서는 보다 멀리, 넓게 바라볼 수 있습니다. 학생들이 〈NEW 수학자가 들려주는 수학 이야기〉를 읽으면서 각 수학자의 어깨 위에서 보다 수월하게 수학의 세계를 내다보는 기회를 갖기를 바랍니다.

홍익대학교 수학교육과 교수 |《수학 콘서트》저자 박경미

> 책머리에

세상의 진리를 수학으로 꿰뚫어 보는 맛
그 맛을 경험시켜 주는 '원 2' 이야기

　우리는 실생활 곳곳에서 자신도 모르는 사이에 수학을 접하고 사용하고 있습니다. 천체의 변화와 날씨 같은 자연 현상을 이해하고, 인공위성이나 컴퓨터를 사용함에 있어서도 수학은 꼭 필요한 학문입니다. 특히, 경제의 변화 및 사회현상을 분석할 때도 수학이 차지하는 역할은 대단합니다. "출산율이 낮아진다."거나 "국민총생산이 늘고 있다." 등등 이미 수학은 우리 가까이에서 늘 만나게 되는 친구가 되었습니다.

　이 책은 학생이 직접 학습하고 창의적인 사고를 하여 문제를 해결할 수 있도록 구성하였습니다. 생활 속 경험이나 다른 과목과의 연계를 통해, 수학을 발견하고 다양한 방법을 통해 실험해 보고 그려 보고 토론해 봄으로써 수학을 학습할 수 있도록 하였습니다.

　우리 주변에서 쉽게 만나게 되는 도형 중에 사각형이 많을까요? 원이 많을까요? 언뜻 생각해 보면 사각형이 많아 보입니다. 텔레비전, 액자, 냉장고, 식탁 모두 사각형이지요. 그러나 주방으로 가 보면 밥공기, 접시, 냄비, 숟가락, 가스레인지 불, 물통 등 원이 훨씬 많습니다. 즉, 우리가 늘 보는 물체가 아니라 직접 사용하는 물체에는 원이 훨씬 많으며 그만큼 우리 실생활과 밀접한 관련을 맺고 있는 도형이 원입니다. 인간이 만들어 낸 물체는 사각형이 많지만 자연적으로 만들어진 물체에서 원의 형태를 많이 볼 수 있는 것도 그 이유입니다.

앞으로의 수업을 통해 원에 대한 수학적 지식만을 습득하는 것이 아니라 수학이라는 학문에 대한 시각을 넓히고 우리 생활 곳곳에 숨어 있는 수학적 원리들을 발견하고 분석하면서 그 속에 숨어 있는 과학적 원리가 무엇인지 알려 주고자 합니다.

새로운 미래를 이끌고 갈 여러분에게 수학적 지식이나 원리를 보고 단순히 암기하고 이해하는 것이 아니라 탐구하고 분석하여 결론을 이끌어 낼 수 있는 능력, 즉 문제 해결력이 생길 수 있도록 집필하려 노력하였습니다.

"나는 수학을 잘한다."가 아니라 "나는 수학을 좋아한다."는 학생이 많아질 수 있도록 미약하나마 이 책이 학생들에게 수학을 좀 더 친숙하게 볼 수 있는 계기가 되었으면 합니다.

조 재 범

차례

추천사	4
책머리에	6
100% 활용하기	10
탈레스의 개념 체크	16

1교시
원의 중심과 현   23

2교시
원의 접선   45

3교시
원주각   67

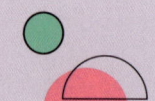

4교시
원과 사각형   89

5교시
원과 비례   111

6교시
원의 접선 작도하기   133

1 이 책은 달라요

《탈레스가 들려주는 원 2 이야기》는 고대 그리스의 수학자 탈레스가 원과 직선이 만나면서 생기게 되는 여러 성질과 이 성질을 활용하여 원과 여러 직선이 만나면서 생기게 되는 원과 삼각형, 원과 사각형 사이의 관계를 알려 주는 여섯 번의 수업을 담고 있습니다.

직선과 원의 위치 관계는 세 가지이고 여기서 특히 원과 한 점에서 만나게 되는 직선을 접선이라 하는데, 이 접선을 그리는 방법은 쉽지 않습니다. 그리고 이 접선은 단순히 원과 한 점에서 만나는 직선에 그치는 것이 아니라 회전 운동하는 물체의 운동 방향과 일치하고, 비행기의 항로를 결정하는 데 도움을 주며, 포물선 운동을 하는 물체의 예상 경로를 파악하는 데 도움을 줍니다. 이처럼 접선은 실생활과 밀접한 관련을 가지고 있는 것입니다.

천문학자로서 원에 관심이 많았던 탈레스는 원이 지름에 의해 이등분된다는 사실을 처음으로 주장했고, 반원의 원주각의 크기는 직각이라는 사실도 밝혔습니다. 그리고 원주각의 크기는 부채꼴의 중심각의 크기의 반이라는 사실도 발견하였습니다.

  그리스의 수학자 탈레스가 원과 직선 사이의 관계를 알려 주는 수업을 통해 원의 중심과 현의 관계, 원주각의 성질, 접선과 현이 이루는 각, 원과 사각형의 성질, 원과 비례 그리고 접선 작도법을 배우게 됩니다. 이들 사이의 관계를 단순히 제시하는 것이 아니라 단원별로 물음을 통해 공식이 만들어지는 원리를 찾아 갑니다.

  원과 직선이 만나면서 생기게 되는 원리만을 다루지 않고 이들 사이의 관계를 활용하여 실생활에서 활용할 수 있는 사례를 소개하였습니다. 마지막 여섯 번째 수업에는 접선 작도법을 실어 앞에서 배운 다섯 번의 수업을 정리할 수 있도록 하였습니다.

2 이런 점이 좋아요

① 물음을 통하여 정의와 원리를 찾아가는 방식을 통해 결과를 제시하는 것이 아니라 과정을 중요시하여 쉽고 재미있게 수업에 참여할 수 있게 하였습니다.

❷ 배운 내용을 실생활에 적용할 수 있는 사례를 많이 실었습니다.
❸ 직접 작도를 해 봄으로써 보는 책으로서만이 아니라 학생들이 책을 교과서처럼 쓰고 활용할 수 있도록 하였습니다.

3 교과 연계표

학년	단원(영역)	관련된 수업 주제 (관련된 교과 내용 또는 소단원명)
중1	도형과 측정	평면 도형의 성질
중2		삼각형과 사각형의 성질
중3		원의 성질

4 수업 소개

1교시 원의 중심과 현

원을 그릴 때는 컴퍼스를 이용합니다. 컴퍼스의 원리는 뾰족한 부분을 고정시키고 그 부분을 중심으로 한 바퀴 돌려서 원을 만드는 것입니다. 즉, 뾰족한 부분으로부터 거리가 같은 선이 그어지는 것입니다. 이렇게 그려진 원에서 중심이 갖는 의미를 살펴봅시다. 만들어진 원 위의 두 점을 찍고 연결하여 선을 그어 봅시다. 그리고 그 선과 중심 사이의 관계도 살펴봅시다.

• 선행 학습 : 선분의 수직이등분선 작도, 이등변삼각형의 성질, 각, 삼

각형의 합동조건
- **학습 방법** : 원 위의 두 점과 원의 중심을 이으면 이등변삼각형이 된다는 사실을 알고 이를 바탕으로 현의 수직이등분선과 원의 중심 사이의 관계를 상상해 봅니다.

2교시 원의 접선

원과 직선의 위치 관계를 배웁니다. 이때 원과 한 점에서 만나는 경우의 직선에 대해 배웁니다. 이 직선을 접선이라고 합니다. 접선과 원의 중심과의 관계를 배웁니다.
- **선행 학습** : 피타고라스의 정리, 직각
- **학습 방법** : 원과 직선의 위치 관계를 원과 직선이 만나는 점의 개수와 관련하여 생각해 봅니다. 원과 한 점에서 만나게 되는 직선인 접선이 실생활에 어떻게 활용되는지 알아봅니다.

3교시 원주각

원 위에 임의의 두 점을 찍어 봅니다. 그러면 호가 생기게 됩니다. 그 두 점을 제외한 나머지 한 점을 원 위에 찍어 두 점과 연결하면 각이 생기게 됩니다. 이 각을 우리는 원주각이라고 합니다. 이 각이 가지는 성질을 알아봅니다.
- **선행 학습** : 중심각, 원주각, 호

- **학습 방법** : 원 위의 아무 곳이나 두 점을 찍어 보면 호가 2개 생기게 됩니다. 그 호 중 하나를 택해서 그 위에 점을 하나 찍으면 원주각이 하나 생기게 됩니다. 이 원주각과 호에 대한 중심각 사이의 관계를 알아보면, 크기가 같은 무수히 많은 원주각을 발견할 수 있습니다. 또한 원주각을 통해 어떤 물체가 원 안에 있는지, 아니면 원 밖에 있는지 알 수 있게 됩니다.

4교시 원과 사각형

원과 다각형들의 관계에 대해 알아봅시다. 특히 삼각형과 원은 일심동체입니다. 즉, 삼각형에는 항상 외접원이 존재한다는 것이지요. 그럼 원과 사각형의 관계는 어떨까요? 원 위에 사각형이 존재하기 위한 조건을 알아봅니다.

- **선행 학습** : 내심, 외심, 내대각
- **학습 방법** : 삼각형에서 외심을 작도하면 외접원을 그릴 수 있습니다. 그렇다면 사각형에서도 외심을 찾을 수 있을까요? 아니면 삼각형 주변에서 다른 한 점을 찾아 사각형을 만든 후, 이 사각형이 원 위에 있게 할 수 있을까요? 두 가지 방법을 모두 생각하면서 알아봅니다.

5교시 원과 비례

원 안의 한 점을 잡고 그 점을 지나는 현 2개를 그어 봅니다. 그렇게 생긴 두 현 사이의 관계를 알아봅니다. 원 밖의 한 점을 잡고 마찬가지로 원과 만나도록 선을 그어 봅니다. 이렇게 생긴 선분 사이의 관계도 알아봅니다.

- 선행 학습 : 닮음의 성질
- 학습 방법 : 원 안에 있는 아무 점이나 잡아 그 점을 지나는 두 현의 길이만 구할 수 있다면, 원의 지름을 측정할 수 있다는 사실을 알 수 있도록 합니다. 직접 닮음을 이용한 증명을 해 보도록 합니다.

6교시 원의 접선 작도하기

원과 한 점에서 만나도록 직선을 그리는 것은 어렵습니다. 그리고 그렸다고 하더라도 정말 한 점에서 만나고 있는지 확인하기 어렵습니다. 하지만 앞에서 배운 내용을 토대로 원의 접선을 직접 작도해 보면, 그 접선이 한 점에서 만나고 있다고 증명할 수 있습니다.

- 선행 학습 : 수직이등분선의 작도, 같은 크기의 각 작도
- 학습 방법
    - 직접 컴퍼스와 모눈종이를 준비하여 작도해 보도록 합니다.
    - 접선을 작도하면서 앞에서 배운 원의 성질을 점검하도록 합니다.
    - 작도가 끝나면 증명을 통해서 확인해 보도록 합니다.

탈레스를 소개합니다

Thales(B.C.624?~B.C.546?)

'철학의 아버지'라고 일컬어지는 탈레스는 고대 그리스 밀레투스학파의 창시자로 알려져 있습니다.

그는 천문학에 조예가 깊어 기원전 585년에 일어난 일식을 예견하였다고 합니다. 또한 수학의 기하학적 방법을 빌려 이집트 피라미드의 높이를 측정하였습니다.

그는 젊은 시절에 상인으로서 돈을 벌었지만 밀레투스로 돌아온 후부터는 다방면에서 천재성을 보이며 정치가, 고문, 공학자, 실업가, 철학자, 수학자, 천문학자로서 명성을 떨쳤습니다.

탈레스는 만물의 근원에 대해 고민했으며, 수학적 발견과 관련되어 알려진 최초의 인물이기도 합니다.

여러분, 나는 탈레스입니다

안녕하세요, 나는 탈레스라고 합니다. 여러분이 잘 알고 있는 그리스 학자 아리스토텔레스는 나를 '자연 철학의 개척자'라 불렀답니다. 내가 살았던 그리스 시대는 신화를 이용해 세상의 근원을 설명했습니다. 예를 들어, 비가 오지 않으면 신에게 제사를 지냈고, 번개가 치면 신이 화가 난 것이라고 생각했습니다. 모든 자연 현상의 이유를 신에게서 찾았죠.

하지만 나는 세상의 근원을 설명할 때 '자연'에 근거한 설명을 하기 위해 노력했습니다. 그 과정에서 특히 수학을 유용하게 이용했습니다. 그 때문에 사람들은 나를 최초의 '과학자'라고 부른답니다.

나는 수학자이자 철학자 그리고 뛰어난 천문학자입니다. 그리스에서 처음으로 기하학을 전수했고, 근본적인 기하 원리들을 발견했습니다. 원이 지름에 의해 이등분된다는 사실을 처음으로 주장했으며, 반원의 원주각의 크기는 직각이라는 사실도 밝혀냈습니다. 그리고 원주각의 크기는 부채꼴의 중심각의 크기의 반이라는 사실도 내가 주장했습니다. 우리 학생들이 이미 〈NEW 수학자〉 시리즈 25권 《탈레스가 들려주는 닮음 이야기》에서 배운 내용도 물론 내가 이룩한 업적 중 하나죠.

자, 그럼 이제부터는 원과 관련된 수업을 시작해 보려 합니다. 모두 준비되었죠?

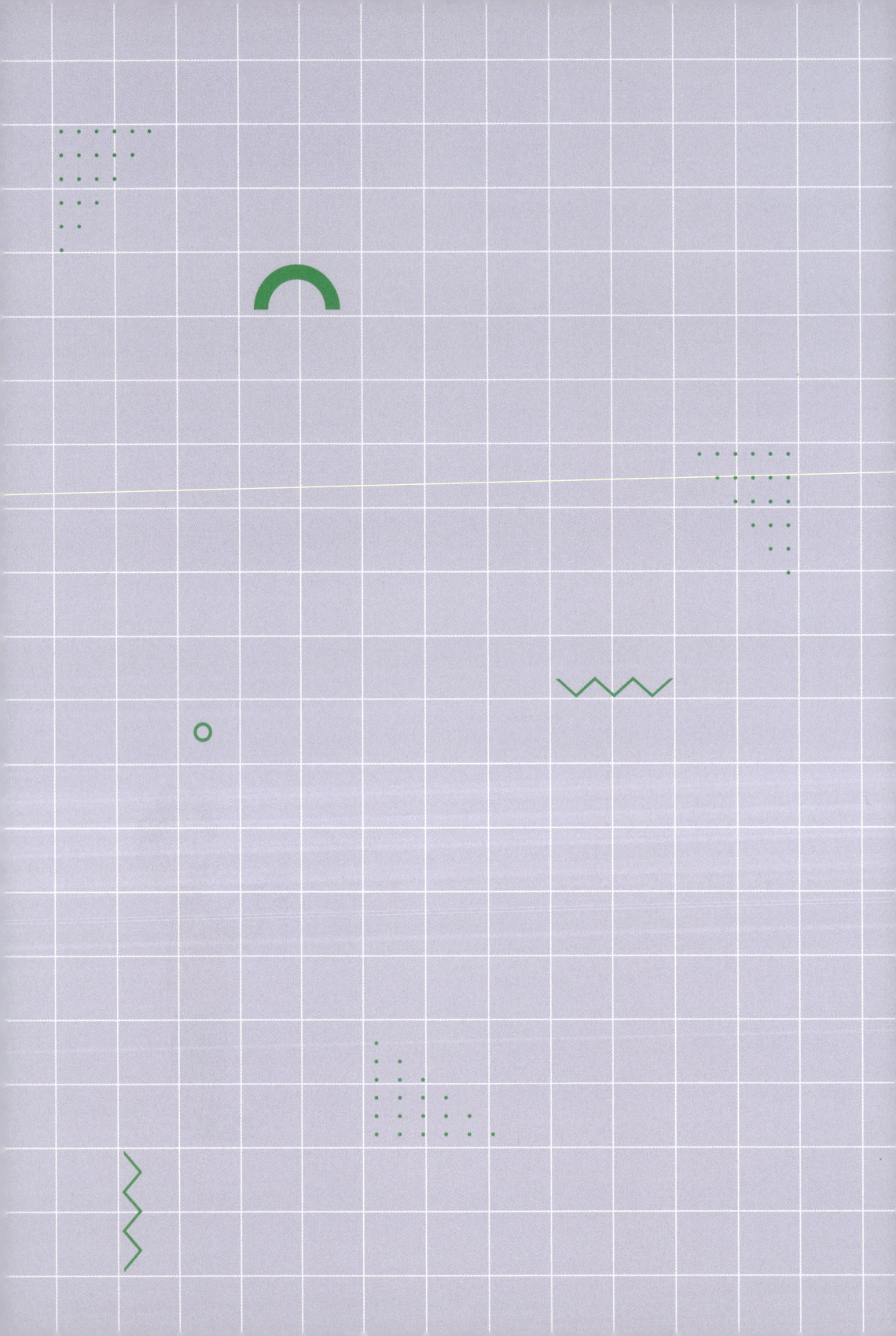

1교시

원의 중심과 현

현의 수직이등분선과 원의 중심 사이의 관계를
이등변삼각형의 성질을 통하여 살펴봅시다.

수업 목표

1. 현의 수직이등분선은 원의 중심을 지납니다.
2. 두 중심각의 크기가 같으면 두 현의 길이는 같습니다.

미리 알면 좋아요

1. **원** 한 평면에서 한 점으로부터 같은 거리에 있는 점들의 모임을 말합니다.

2. **원주** 원의 둘레를 말합니다.

3. **현** 원주 위의 두 점을 연결한 선분을 말합니다.

4. **중심각** 원의 두 반지름이 원의 중심에서 이루는 각을 말합니다.

5. **이등변삼각형** 두 변의 길이가 같은 삼각형으로, 꼭지각의 이등분선은 밑변을 수직이등분합니다.

탈레스의 첫 번째 수업

자, 여기 넓이가 같은 6개의 원이 있습니다. 원주 위에 임의의 두 점을 찍어 직선으로 연결해 보세요.

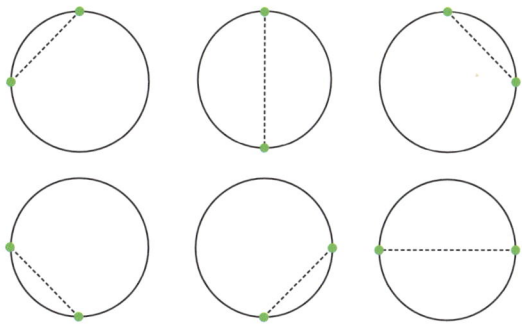

이처럼 무수히 많은 선분을 만들 수 있습니다. 이번에는 이 선분들의 수직이등분선을 한번 그려 봅시다.

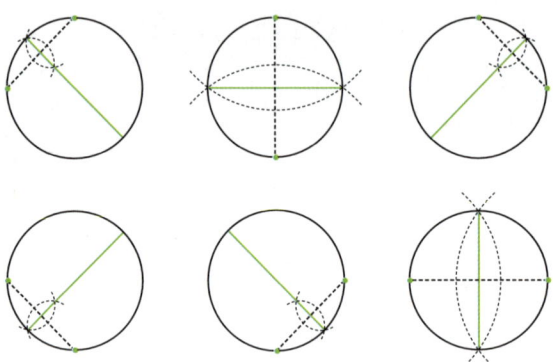

그리고 연두색으로 표시된 선들을 관찰해 봅시다. 이제 이 원들을 모두 겹쳐 볼까요?

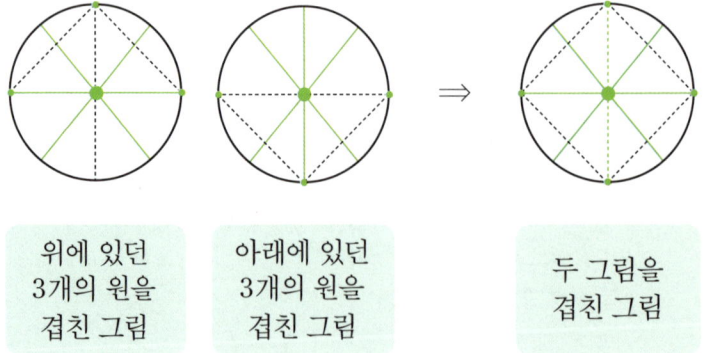

위에 있던 3개의 원을 겹친 그림

아래에 있던 3개의 원을 겹친 그림

두 그림을 겹친 그림

보다시피 연두색 선들은 한 점에서 만나게 됩니다. 그 점을 연두색으로 표시해 봅시다. 연두색 점이 원의 중심이라면, 우리가 찾은 연두색 선은 모두 지름이 됩니다. 이것에 대해서 좀 더 자세히 알아봅시다.

자, 이번에는 원의 중심이 검은 선 위에 있지 않다고 해 봅시다. 원의 중심과 원주 위의 두 점을 연결합니다. 그림으로 나타내면 아래 그린 회색 선이 반지름으로, 서로 길이가 같습니다.

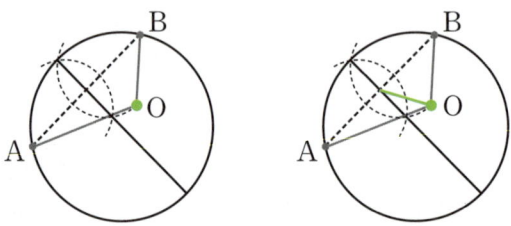

그러면 △OAB는 이등변삼각형이 됩니다. 이등변삼각형의 성질에 따라 꼭짓점 O에서 밑변의 중점에 내린 선은 밑변을 수직이등분하게 됩니다. 우리가 그린 검은 선은 현의 수직이등분선이므로 △OAB의 꼭짓점 O를 지나야 합니다. 그러므로 원의 중심이 검은 선 위에 있지 않다는 것은 모순이 됩니다.

따라서 앞 페이지에서 원의 중심은 연두색 선 위에 있어야 하며, 우리가 연결한 6개의 모든 연두색 선은 원의 중심을 지나므로 지름이 됨을 알 수 있습니다.

다음 장의 그림을 보면서 다시 한번 확인해 볼까요? 두 현의 수직이등분선을 각각 작도한 그림입니다.

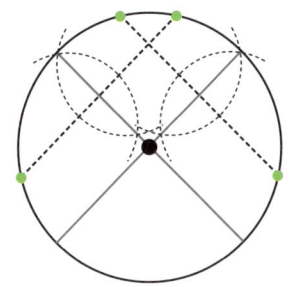

지름과 지름이 만나는 원 안의 점, 바로 그 점이 원의 중심이 됩니다. 우리는 여기서 '현의 수직이등분선은 원의 중심을 지난다.'는 사실을 알 수 있습니다.

자, 그럼 다음과 같은 경우를 봅시다.

농장에 스프링클러가 설치되어 있습니다. 그런데 어느 날 스프링클러가 고장나서 농장 주인은 이 스프링클러를 수리하려고 합니다. 하지만 농장이 너무 넓어서 수리 기술자는 먼저 스프링클러의 위치를 알아내야만 합니다.

주인은 기술자에게 그림이 그려진 종이 한 장을 건네주었습니다. 그림의 점은 스프링클러에서 뿜어져 나온 물이 닿은 곳을 표시한 것입니다.

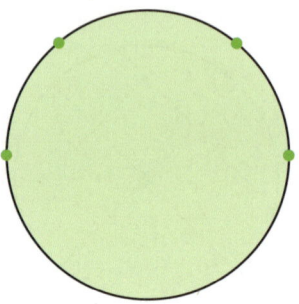

스프링클러는 회전하면서 물을 분출합니다. 그러므로 원 모양의 물이 닿은 자취가 나타나게 마련입니다.

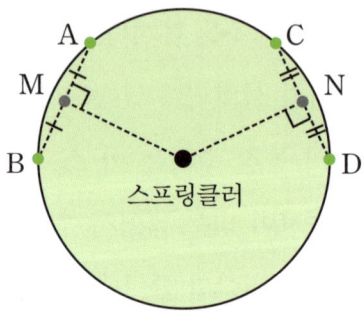

기술자는 물이 닿은 곳을 원주상의 점으로 파악하여 현을 두 개 그을 수 있습니다. 이때 우리가 배운 '현의 수직이등분선은 원의 중심을 지난다.'는 사실을 이용하여 선분 AB의 길이를 측

정하여 중점을 찾고, 선분 CD의 중점을 찾아 그 점을 M과 N이라고 합시다. 한 사람이 점 M에서 선분 AB와 수직이 되게 출발하고, 다른 한 사람이 점 N에서 선분 CD와 수직이 되게 출발하면, 서로 만나는 지점에 스프링클러가 있습니다.

이렇게 현의 수직이등분선만 작도할 수 있다면 원의 중심은 언제든지 찾을 수 있습니다. 실제로 청동기 시대 유물 중 반사경 같은 거울이나 원 모양의 물건을 복원할 경우 이 방법을 사용해 중심을 찾은 후 복원합니다.

다음 문제입니다. 여러분이 피자 가게 주인이 되었다고 생각해 봅시다. 그런데 여러분에게는 늘 피자 조각의 크기 때문에 싸우는 동생이 2명 있습니다. 이때 피자 한 판을 정확히 8조각으로 나누고, 8조각 모두 크기가 같다는 것을 어떻게 믿게 할 수 있을까요?

피자의 중심을 조금 더 정확히 표시할 수 있다면, 그 중심을 따라 8조각을 내면 모두 같은 크기의 조각으로 자를 수 있습니다. 먼저 피자의 가장자리에 4개의 구멍을 표시해 둡니다. 그리고 그 점들을 치즈를 이용하여 현으로 연결하고, 그 현들의 수직이등분선을 고구마나 감자를 이용하여 표시합니다. 그럼 고구마나 감자가 만드는 줄이 만나는 부분이 피자의 중심이 됩니다. 이제 중심을 기준으로 아래 그림처럼 자르면 될 것입니다. 그리고 중심에 햄을 두면 되겠지요.

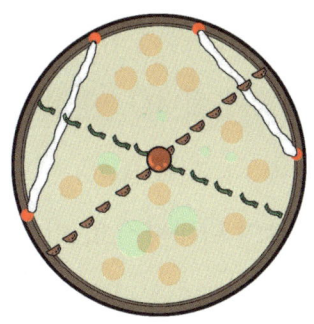

자, 피자를 수학적으로 공평하게 나누는 방법에 대해 알아보았으니 이제 '두 중심각의 크기가 같으면 두 현의 길이는 같다.' 는 내용을 알아보도록 하겠습니다.

다음 장의 그림을 보며 생각해 보도록 하죠.

한 원에서 $\overline{AB}$와 길이가 같은 현은 무수히 많이 그릴 수 있습니다. 어떻게 그리면 될까요?

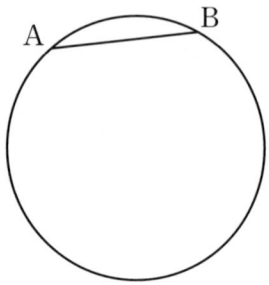

앞에서 공부한 성질을 이용하여 현의 수직이등분선을 그어서 중심을 찾습니다. 그런 다음 중심과 원주 위의 두 점 A, B를 연결하면 이등변삼각형이 됩니다. 이 삼각형에서 꼭짓점 O를 고정하여 돌려 보세요. 그럼 현 AB의 길이는 변하지 않고 원 안에 길이가 같은 현들이 나타나지요. 이것을 그림으로 나타내면 아마도 아래와 같은 모양이 될 것입니다.

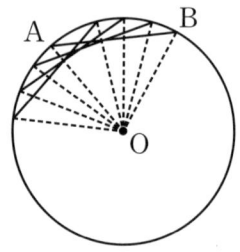

이 현들은 하나의 삼각형을 돌려서 만든 것이니 길이가 모두

같고 그 중심각 역시 모두 같습니다. 그러므로 주어진 현과 길이가 같은 현들은 원의 중심과 연결하여 그 중심을 축으로 돌리면 무수히 많이 만들어 낼 수 있습니다.

만약 이 현들을 빠짐없이 무한 번 그리게 되면 아래 그림이 됩니다. 색칠되지 않은 곳이 모두 현으로 채워져 있습니다. 어때요? 신기하죠?

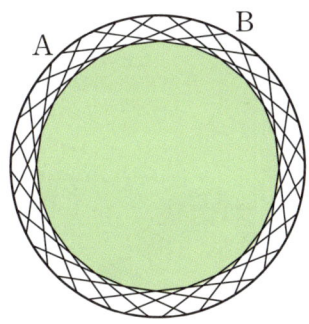

이 그림을 수학적으로 증명해 봅시다. 현 AB를 그대로 복사하여 선분 A′B′을 원주 위로 이동하고 원의 중심과 연결하면 두 삼각형 △AOB, △A′OB′은 합동이 됩니다. $\overline{AB}=\overline{A'B'}$이고 $\overline{OA}=\overline{OB}=\overline{OA'}=\overline{OB'}$은 반지름이니까 세 변의 길이가 서로 같은 합동SSS합동인 삼각형이기 때문입니다. 그러므로 두 삼각형의 중심각의 크기는 같습니다.

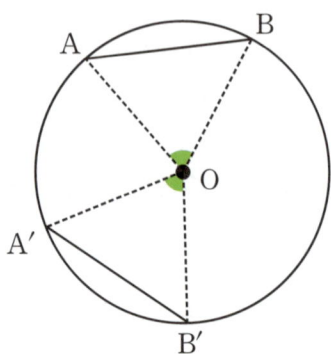

따라서 한 원에서 두 현의 길이가 같다면 그 중심각의 크기는 같습니다. 또한 두 중심각의 크기가 같다면 그 현은 길이가 같습니다.

그럼 중심각의 크기를 2배로 늘리면 현의 길이도 2배가 될까요?

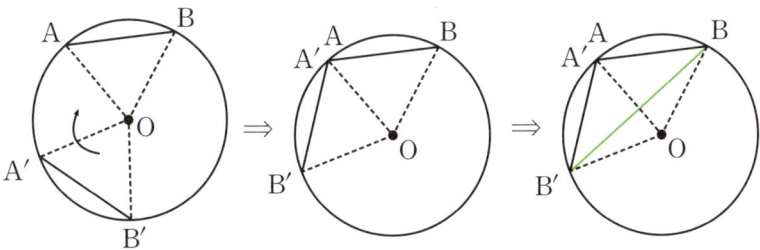

위 그림에서와 같이 중심각의 크기는 2배가 되었지만 현은 $\overline{B'B}$가 되어 현의 길이는 2배가 되지 않습니다. 고로 현과 중심각의 크기는 서로 비례하지 않는다는 것을 알 수 있습니다.

그래서 주어진 현의 길이보다 2배 더 긴 현의 길이는 작도하기 어렵습니다. 하지만 중심각의 크기가 60°인 현의 길이는 쉽게 구할 수 있습니다. 또한 그 현과 2배 차이가 나는 현의 길이도 쉽게 작도할 수 있습니다.

다음을 살펴보면 그 이유를 알 수 있습니다.

지름이 6인 원이 있습니다. 현 AB의 길이는 얼마일까요?

(단, ∠AOB=60°)

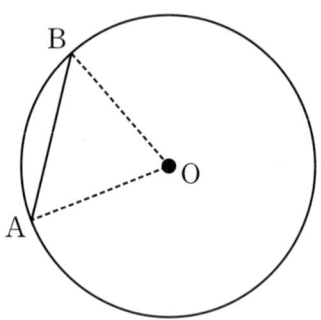

현 AB의 중심각의 크기가 ∠AOB=60°이고 $\overline{OA}=\overline{OB}$이므로 △OAB는 정삼각형입니다. 그러므로 현 AB의 길이는 이 원의 반지름 길이와 같습니다. 따라서 길이는 3이 됩니다.

여기서 우리는 중심각의 크기가 60°인 현의 길이는 반지름의 길이와 같고, 고로 그 현의 2배가 되는 현은 그 원의 지름이 됨도 알 수 있습니다.

다음 그림을 보세요.

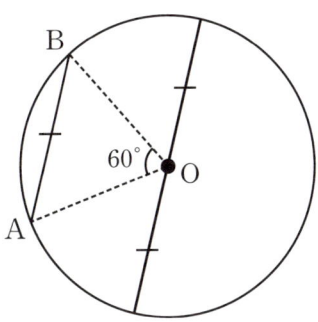

지금까지 '현의 수직이등분선은 원의 중심을 지난다.'는 사실과 '두 중심각의 크기가 같으면 두 현의 길이가 같다.'는 원의 성질을 배웠습니다. 마지막으로 이 내용을 정리하는 문제를 풀어 보도록 하겠습니다.

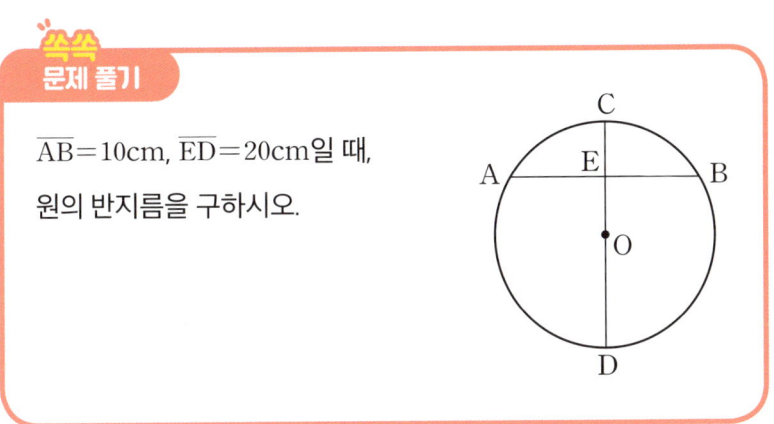

$\overline{AB}=10$cm, $\overline{ED}=20$cm일 때, 원의 반지름을 구하시오.

자, 이제 문제의 풀이를 봅시다.

우리가 앞에서 배운 '원주상의 두 점을 연결한 현의 수직이등분선은 그 원의 중심을 지난다.'는 성질을 이용하면, 현 AB는 중심을 지나는 지름 CD에 의해 수직이등분됩니다. 그러므로 선분 EB의 길이는 5cm입니다. 그리고 중심 O와 점 B를 연결하면, 아래 그림과 같이 직각삼각형 OBE가 만들어집니다. 이 때 원의 반지름을 x라 하면 피타고라스의 정리_{직각삼각형 ABC에서 ∠C=90°일 때 변의 길이 사이에 $a^2+b^2=c^2$인 관계가 성립하는 것}에 의해 다음 장의 수식과 같이 적을 수 있습니다.

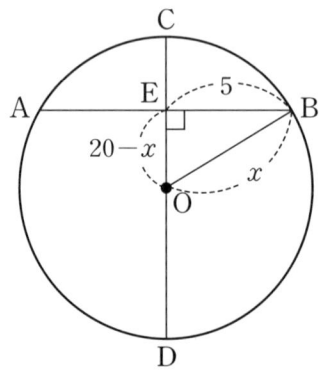

$$x^2 = 5^2 + (20-x)^2$$
$$x = \frac{85}{8}$$

따라서 원의 반지름의 길이는 $\frac{85}{8}$ cm입니다.

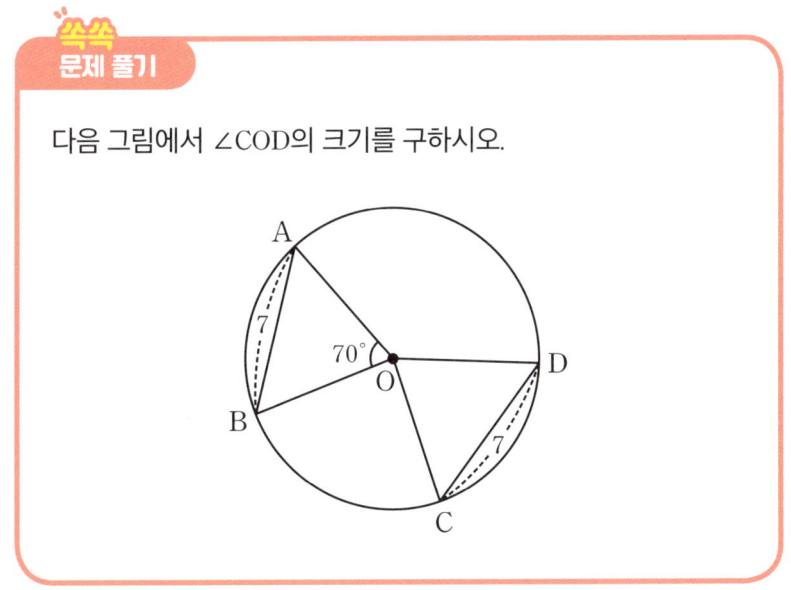

다음 그림에서 ∠COD의 크기를 구하시오.

우리가 앞에서 배운 두 번째 성질 '한 원에서 두 현의 길이가 같다면 그 중심각의 크기도 같다.'를 이용하여 문제를 풀어 봅시다. 현 AB와 현 CD가 7cm로 같으므로 두 중심각의 크기도 같습니다. 그러므로 ∠COD=70°입니다.

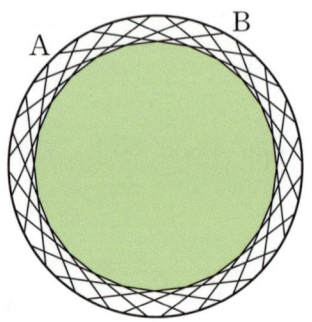

위 그림의 현 AB는 안에 있는 색칠된 원의 접선이 됩니다. 현이 원과 두 점에서 만나는 원 안에 있는 선이라면, 접선은 원과 한 점에서 만나는 원과 접하는 선입니다. 이 접선의 성질을 다음 시간에 공부해 보도록 하겠습니다.

수업 정리

❶ 원 위의 두 점과 원의 중심을 이으면 이등변삼각형이 됩니다.

❷ 이등변삼각형의 성질은 '꼭지각의 이등분선은 밑변을 수직이등분한다.'입니다.

❸ 현의 수직이등분선은 반드시 원의 중심을 지나게 됩니다.

❹ 두 현의 중심각의 크기가 같으면 그 현과 중심을 이은 두 삼각형은 합동SAS합동이 됩니다.

❺ 두 현의 길이가 같다면 그 중심각의 크기도 같습니다.

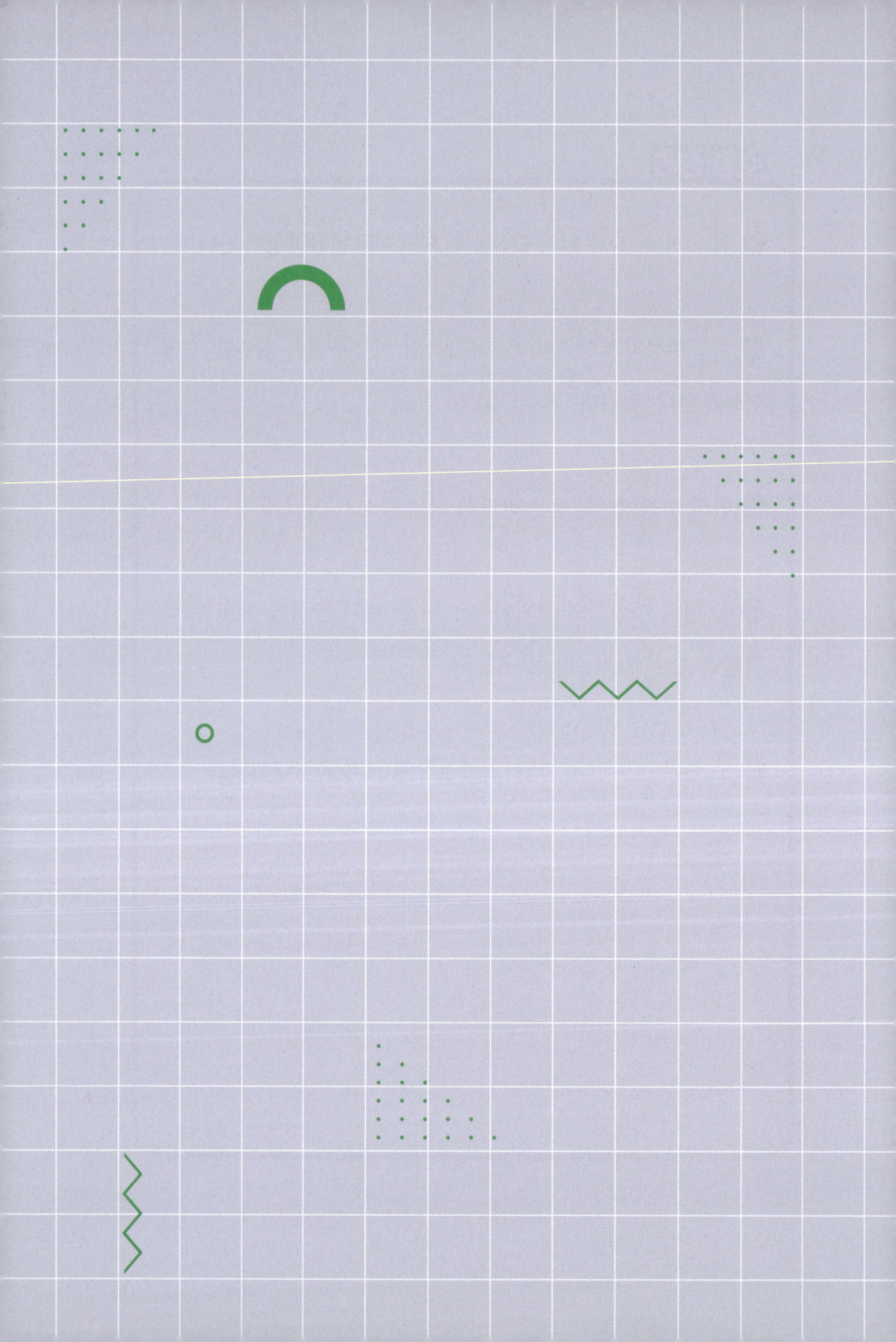

2교시

원의 접선

원과 직선의 위치 관계를 통해 원과 한 점에서 만나는 직선의 성질을 알아봅시다.

수업 목표

1. 원의 중심과 접점을 이은 선분은 접선과 수직입니다.
2. 원의 외부에 있는 한 점에서 그 원에 그은 두 접선의 길이는 같습니다.

미리 알면 좋아요

1. **접선** 원과 한 점에서 만나도록 그은 선을 말합니다.

2. **접점** 접선과 원이 만나는 점을 말합니다.

3. **이등변삼각형의 성질** 이등변삼각형의 두 밑각의 크기는 서로 같습니다.

탈레스의 두 번째 수업

여기 막대와 원 모양의 사탕이 있습니다. 이 둘의 위치 관계를 살펴볼까요?

만나지 않는다   두 점에서 만난다   한 점에서 만난다 접한다

아래 그림처럼 생각한 친구들이 있다면 주의하세요. 아래 그림은 원과 직선의 위치 관계가 될 수 없습니다. 직선과 원의 위치 관계를 물을 때는 직선의 길이가 무한히 길다고 가정하기 때문에, 아래와 같은 위치 관계는 나올 수 없답니다.

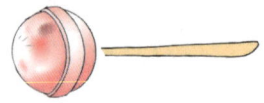

앞 장의 세 번째 그림을 다시 살펴봅시다. 막대와 사탕이 한 점에서 만나고 있다고 할 수 있을까요? 수학적으로 바꾸어 실제로 원과 직선이 한 점에서 만나도록 쉽게 작도할 수 있나요? 그냥 말로만 한 점에서 만나고 있다고 하는 것은 쉽지만, 그리기는 어렵습니다. 그래서 우리 수학자들은 원과 한 점에서 만나는 이 직선을 접선이라 이름 짓고, 사람들에게 접선 그리는 방법을 가르쳐 주기 위해 연구하게 되었답니다. 움직이는 물체에서 접선은 굉장히 중요한 의미를 가지거든요.

시간이 지나 오랜 연구 끝에, 우리는 접선이 가지는 성질을 알아내었습니다. 지금부터 여러분에게 원과 한 점에서 만나는 직선, 즉 접선의 성질에 대해서 알려 줄게요.

음료수 캔의 밑면의 지름을 지나도록 고무줄을 두른 다음, 캔을 평평한 책상 위에 굴려 보세요.

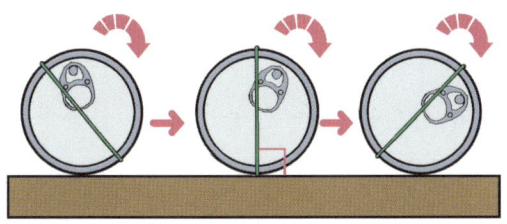

위 그림에서 고무줄이 책상 면에 닿는 순간의 고무줄과 책상 면이 이루는 각의 크기를 생각해 보세요. 순간적으로 직각이 되는 것이 보이나요?

더 확실히 알아볼까요? 직각삼각형을 음료수 캔의 고무줄과 책상 면이 닿는 지점까지 이동시켜 보세요.

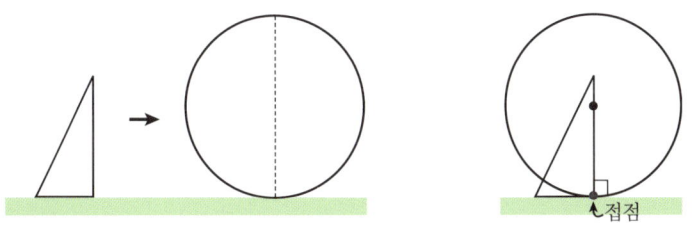

그림에서와 같이 원의 접선책상 면과 캔의 지름고무줄은 서로

수직이 됨을 알 수 있습니다. 이때 고무줄과 책상 면이 만나는 지점을 '접점'이라고 부릅니다. 따라서 우리는 이와 같은 사실을 예상해 볼 수 있습니다.

> 원의 중심과 접점을 이은 선분은 원의 접선과 서로 수직이다.

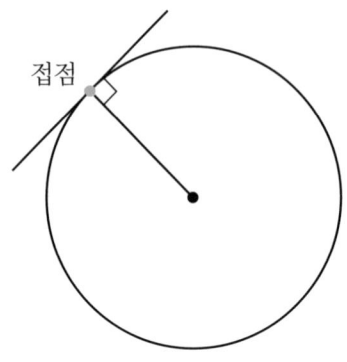

이제 이것을 수학적으로 증명해 볼까요?

만약 이 각이 수직이 되지 않는다면, 이 선은 원과 두 점 이상에서 만나게 됩니다.

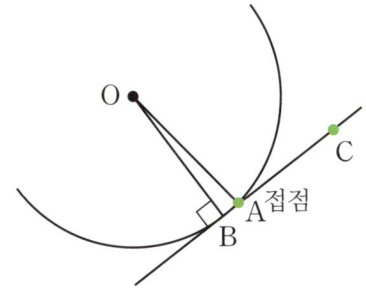

∠OAB가 90°가 아니라고 가정해 봅시다. 여기서 ∠OAC가 90°보다 크다면 ∠OAB는 90°보다 작아집니다. 그리고 ∠OBA가 90°가 되게 만들면 $\overline{OB}$의 길이가 반지름 $\overline{OA}$의 길이보다 작아져 점 B가 원 안으로 들어가게 됩니다. 그러면 이 직선은 원과 두 점에서 만나게 되죠.

이처럼 원의 중심과 접점을 연결한 선분은 접선과 수직이 되어야 원과 한 점에서 만납니다. 따라서 원의 중심과 접점을 연결한 선분은 접선과 수직입니다.

이렇게 우리가 알고자 하는 결과를 아니라고 가정한 다음, 모순어떤 사실의 앞뒤, 또는 두 사실이 이치상 어긋나서 서로 맞지 않음을 유도하여 증명하는 방법을 '귀류법'이라고 합니다. 이러한 증명 방법은 내 수업뿐만 아니라 앞으로도 많이 이용될 것이므로 잘 기억해 두도록 합시다.

우리가 예상한 사실이 확인되었습니다. 그럼 다음을 살펴봅시다.

원 밖의 한 점에서 그 원에 그을 수 있는 접선은 2개입니다. 다음 장의 그림처럼 점 P에서 원 O에 접선을 그어 보았습니다. 이때 그림에 표시한 각의 크기의 합은 얼마일까요?

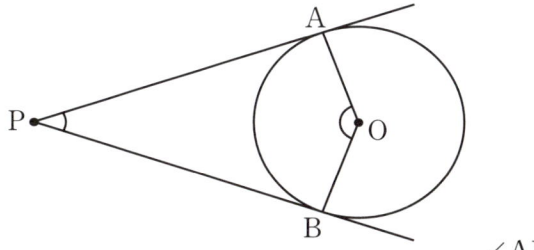

∠APB+∠AOB=?

접점과 원의 중심을 이은 선분은 접선과 서로 수직이고 사각형 PAOB의 내각의 합은 360°이므로 ∠APB+∠AOB =180°가 됩니다.

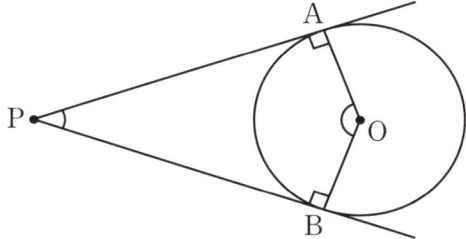

다음은 우리가 실생활에서 만나게 되는 접선의 예들입니다.

인공위성의 한계

인공위성에서 지구를 내려다볼 때 지구의 중심선적도을 볼 수 있을까요?

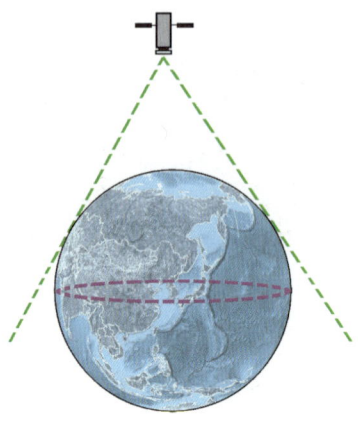

위 그림처럼 접선을 그려 확인해 보니 볼 수 없겠네요. 그럼 지구의 반지름을 6000km라 가정하고 인공위성이 지구로부터 4000km 떨어져 있다고 할 때, 인공위성에서 볼 수 있는 지구의 가장 먼 지점까지의 거리를 알아볼까요?

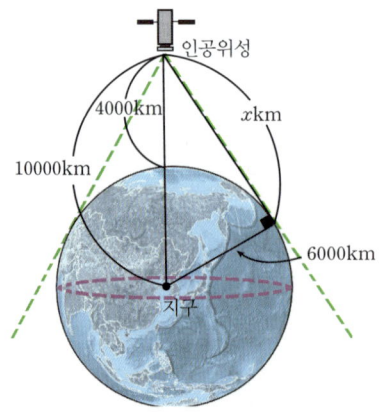

피타고라스의 정리[1]에 의해
$6000^2 + x^2 = 10000^2$에서 $x = 8000$,
즉 인공위성에서 볼 수 있는 가장 먼 지점까지의 거리는 8000km입니다.

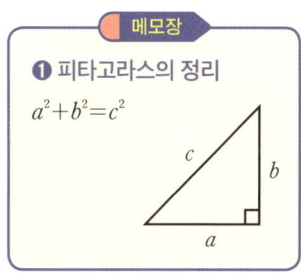

메모장

[1] 피타고라스의 정리
$a^2 + b^2 = c^2$

탈레스의 두 번째 수업

놀이공원의 회전 그네

친구와 놀이공원에서 회전 그네를 타다가 물건을 떨어뜨리고 말았습니다. 어디서 찾을 수 있을까요? 물건을 떨어뜨린 지점은 A지점입니다.

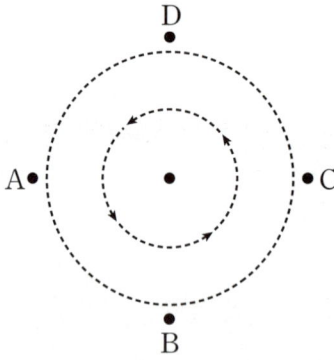

A지점에서는 원심력에 의해 접선 방향으로 물건이 날아갑니다. 따라서 A지점에서 물건을 잃어버렸다면, 다음 장에 있는 그림의 연두색으로 표시된 곳에서 물건을 찾을 수 있습니다.

나도 예전에 회전 그네를 타다가 너무 빨리 돈 나머지 신발이 날아간 적이 있습니다. 하지만 나는 신발을 찾지 못했습니다. 떨어진 곳이 강이라 신발이 떠내려가고 말았거든요. 그러니 여러분도 회전 그네를 탈 때는 조심하세요!

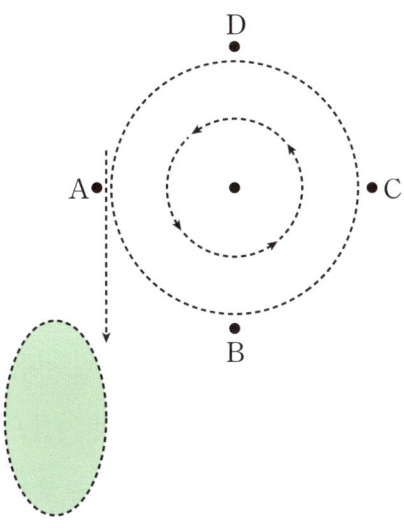

그럼 접선의 두 번째 성질로 미루어 보았을 때, 원 밖의 한 점에서 그은 두 접선의 길이는 어떨까요? 직접 그려 보면서 확인해 보도록 합시다.

우선 원 밖의 한 점에서 원에 접선을 그어 봅시다. 2개의 접선을 그을 수 있음을 알고 있죠? 그다음 원 밖의 점과 원의 중심을 연결합니다. 그러면 두 삼각형이 생기게 됩니다. 이 두 삼각형을 그림에 나타내 보겠습니다. 다음 장의 그림을 봐 주세요.

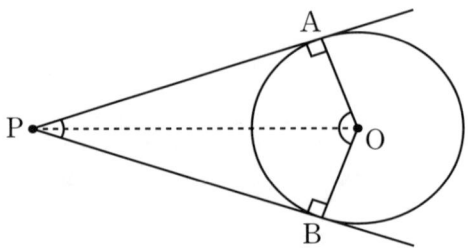

위 그림에서 △POA와 △POB는 합동입니다. 왜냐하면 $\overline{PO}$는 두 삼각형의 공통 선분이고 $\overline{OA}$, $\overline{OB}$는 반지름으로 길이가 같으니까요. 또한 $\overline{PA}$, $\overline{PB}$는 원 O의 접선이므로 ∠OAP=∠OBP =90°입니다. 따라서 △POA와 △POB는 RHS합동_{두 직각삼각형의 빗변의 길이가 같은 경우}입니다. 그러므로 $\overline{PA}=\overline{PB}$가 됩니다.

따라서 우리는 여기서 '원 외부의 한 점에서 그은 두 접선은 길이가 같다.'는 성질을 알 수 있습니다.

이렇게 하여 접선에 대한 두 가지 성질을 모두 알아보았습니다. 지금부터는 문제 풀이를 통해 앞에서 배운 것을 정리하도록 하겠습니다.

△ABC에 내접하는 원이 있다. 접점을 D, E, F라고 할 때, $\overline{AB}=8, \overline{BC}=10, \overline{AC}=6$일 때 x의 값을 구하시오.

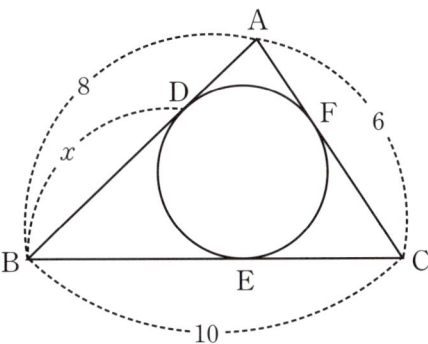

점 A와 점 B, 점 C는 모두 원 외부의 점이며, 원과 만나는 점 D, E, F는 모두 접점이 됩니다. 따라서 접점 D, E, F와 원의 중심을 이은 선분은 각각의 접선 AB, BC, CA와 서로 수직입니다. 우리는 원 외부의 한 점에서 원에 그은 접선의 길이는 모두 같음을 알고 있습니다. 이러한 사실을 그림에 나타내어 보면 문제를 쉽게 해결할 수 있습니다.

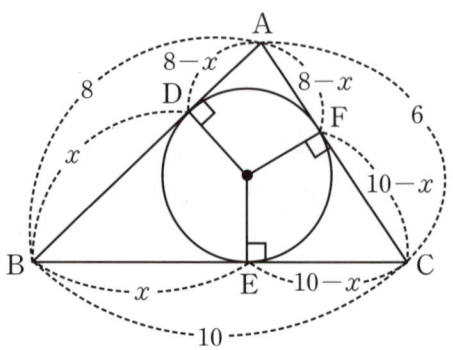

위 그림에서 $(8-x)+(10-x)=6$이므로, 우리가 구하는 답은 $x=6$입니다.

> **쏙쏙 문제 풀기**
>
> 액자의 모서리 부분이 부서져서 고치려고 톱으로 잘랐다. 그 모양이 그림과 같을 때, 보라색으로 표시한 부분의 둘레만큼 재료가 더 필요하다. 이때 필요한 부분의 길이를 구하시오.
>
>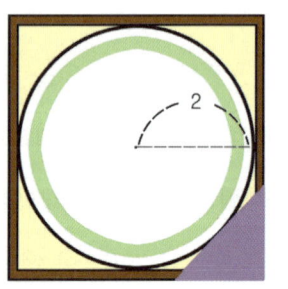

잘라낸 삼각형 모양을 ABC, 원의 중심을 O, 원 O의 접점을

E라고 합시다. 우리가 구해야 하는 것은 삼각형 둘레의 길이입니다.

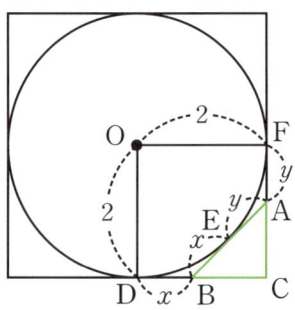

△ABC의 꼭짓점 A와 B를 원의 외부 점으로 볼 때 점 A에서 원 O에 그은 두 접선의 길이는 서로 같으므로, $\overline{AE}=\overline{AF}$라 할 수 있습니다. 점 B에서 원 O에 그은 두 접선의 길이도 서로 같으므로 $\overline{BD}=\overline{BE}$라고 볼 수 있습니다.

따라서 △ABC의 둘레의 길이는 다음과 같습니다.

$\overline{AB}+\overline{BC}+\overline{CA}=\overline{AE}+\overline{BE}+\overline{BC}+\overline{CA}=\overline{AF}+\overline{BD}+\overline{BC}+\overline{CA}=\overline{DC}+\overline{FC}=2+2=4$

결국 액자의 한 변의 길이만큼 재료가 필요하다는 것을 알 수 있습니다.

지금까지 접선에 대한 기본 성질을 정리하여 보았습니다. 여러분이 고등학생이 되면 원의 접선을 기초로 하여 여러 곡선의 접선을 배우게 될 것입니다. 특히 포물선 운동을 하는 물체의 접선에 대해 자세히 배울 거예요. 이 접선은 우리에게 너무도 중요한 정보를 알려 주거든요. 바로 다음의 예처럼 말이죠.

폭탄의 최고 도달 높이

폭탄이 날아가는 동안의 위치를 센서를 달아 측정하면 이차방정식으로 표현됩니다. 폭탄처럼 포물선의 형태를 띄고 있는 움직임은 모두 이차방정식의 형태로 표현할 수 있습니다. 폭탄이 가장 높게 위치한 곳에서 이 폭탄의 기울기는 0이 됩니다. 이를 그림으로 표현하면 아래와 같습니다.

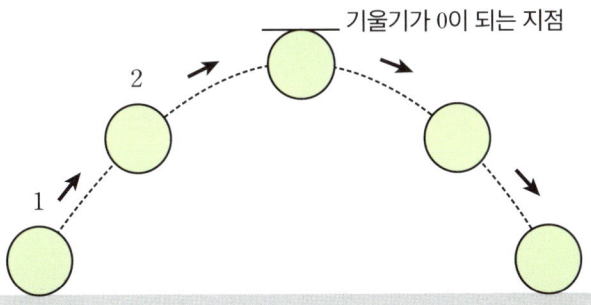

최고점에서의 포물선의 접선의 기울기가 0이 된다는 사실을 이용하면 이 폭탄의 최고점 높이를 구할 수 있습니다. 구하는 식은 고등학생이 되어 미분을 배우면 알게 될 것입니다.

접선은 움직이는 물체의 방향이 어떻게 변화하는지 알려 주기도 합니다. 위 그림에서 기울기가 양수로 나타나는 1, 2지점은 올라가고 있는 상태이고, 기울기가 0이 되는 지점 이후부터는 기울기가 음수가 되어 물체가 내려가고 있음을 알 수 있죠. 결국 그 물체의 위치에 따른 접선만 구할 수 있다면, 물체의 움직임의 변화도 알 수 있게 되는 것입니다.

수업 정리

❶ 원과 직선의 위치 관계는 '만나지 않는다.' '한 점에서 만난다.' '두 점에서 만난다.' 등 세 가지입니다. 이때 원과 한 점에서 만나는 직선을 접선이라 합니다.

❷ 원과 접선이 만나는 점을 접점이라 하고, 이 접점과 원의 중심을 이어서 생긴 선분은 접선과 수직이 됩니다.

❸ 원 밖의 한 점에서 그을 수 있는 접선의 개수는 2개입니다. 이 접선의 길이는 서로 같습니다.

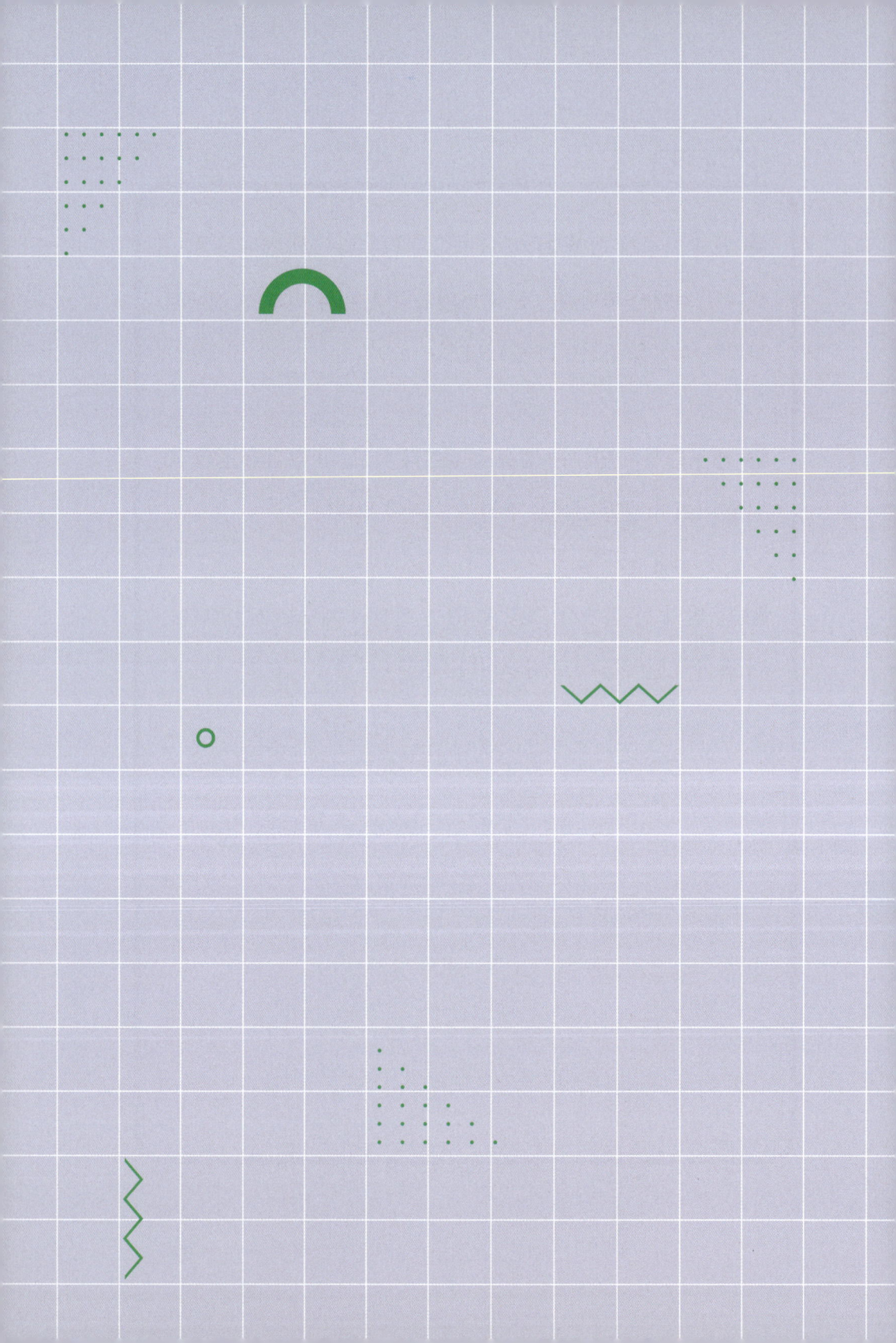

3교시

원주각

> 원주각의 정의를 알고
> 원주각과 중심각의 관계를 알아봅니다.

수업 목표

1. 한 호에 대한 원주각의 크기는 모두 같습니다.
2. 원에서 한 호에 대한 원주각의 크기는 중심각의 크기의 $\frac{1}{2}$입니다.
3. 접선과 현이 이루는 각은 그 호에 대한 원주각의 크기와 같습니다.

미리 알면 좋아요

원주각 원 O에서 호 AB를 제외한 부분 위의 한 점 P에 대하여 ∠APB를 호 AB에 대한 원주각이라 합니다.

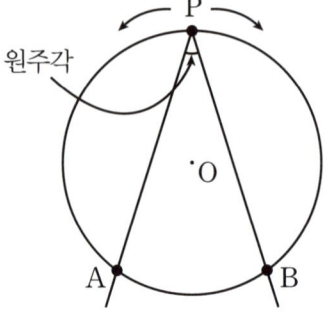

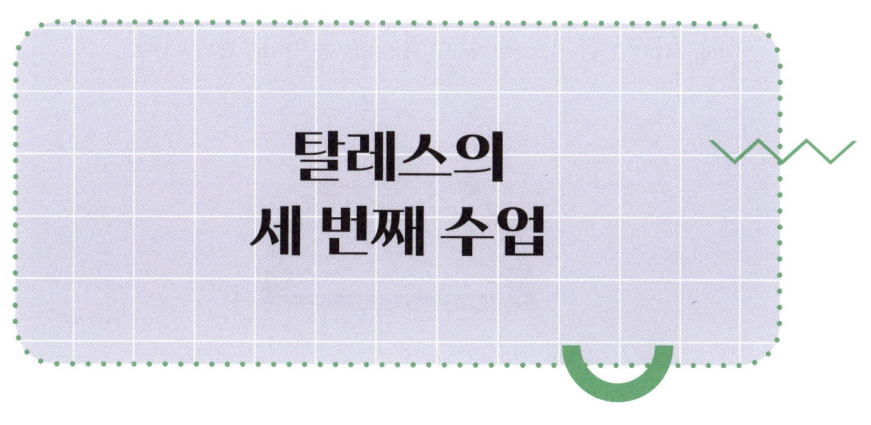

아래와 같이 선분 AB를 빗변으로 하는 직각삼각형은 무수히 많이 그릴 수 있습니다.

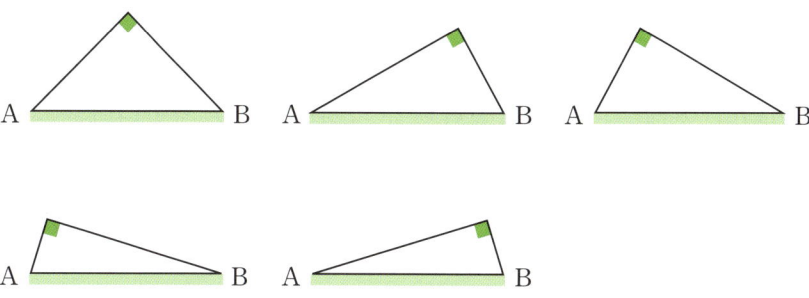

이때, $\overline{AB}$가 겹치도록 삼각형들을 놓아 보겠습니다.

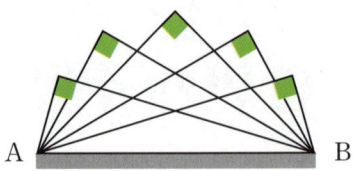

직각을 낀 꼭짓점들을 모두 연결하면 어떤 그림이 그려질까요?

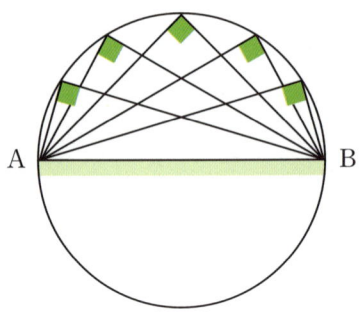

자, 위에 보이는 것과 같이 $\overline{AB}$를 지름으로 하는 원이 만들어집니다. 아래쪽으로 직각삼각형을 그려도 마찬가지입니다.

사람들은 위와 같은 방식으로 만들어진 원을 내 이름을 따서 '탈레스의 원'이라고 부른답니다.

어떻게 하면 원이 만들어지는 것일까요? 쉽게 상상되지 않는다면 거꾸로 생각해 볼까요?

먼저 원을 하나 그려 봅시다. 그리고 중심을 지나는 지름도 하나 그려 봅니다. 이제 원 위에 점을 몇 개 찍어 봅시다. 그 점을 각각 A, B, C라고 하고, 원의 지름과 연결해 봅시다. 이때 각 꼭짓점의 각도를 측정해 보세요.

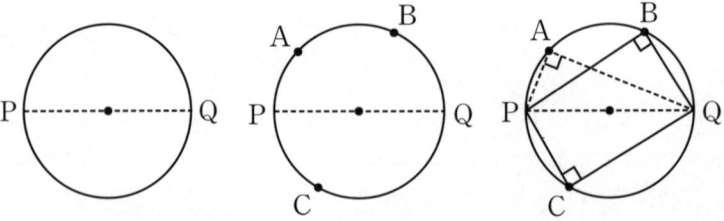

모두 직각(90°)이 됩니다.

방금 우리는 원의 지름과 원 위의 아무 점을 연결해 보았습니다. 이제 지름 말고 다른 현을 그려서 같은 작업을 해 봅시다. 원 위에 두 점 P, Q를 잡아 연결하세요. 그리고 원 위에 아무 점이나 잡아 봅니다. 그리고 두 점 P, Q와 연결해 보세요.

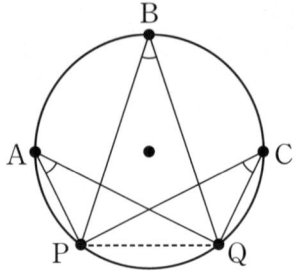

어떻습니까? 각의 크기가 모두 같습니다. 이로부터 우리는 다음과 같은 성질을 알 수 있습니다.

호 PQ에 대한 원주각의 크기는 모두 같다는 것, 즉 한 원에 호를 하나 잡고 그 호를 제외한 나머지 부분의 원 위의 다른 어떤 점을 잡더라도, 그 점과 호의 두 점을 연결하면 그 각은 모두 같습니다. 이를 '한 호에 대한 원주각의 크기는 모두 같다.'라고 합니다. 지금까지 관찰을 통해 알아보았으니, 이제 수학적으로 증명해 볼까요?

이처럼 한 호는 그 중심각의 크기가 언제나 하나로 정해집니다. 그리고 보통 원에서 두 점을 잡았을 때, 작은 쪽을 호로 봅니다.

아래 그림을 잘 보세요.

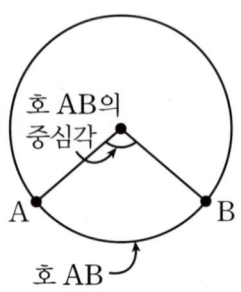

호 AB를 제외한 나머지 부분의 아무 곳에서 한 점 P를 잡아 봅시다. 그리고 호와 연결해 봅시다. 그다음 점 P에서 원의 중심을 지나도록 선을 긋습니다. 그 선이 원과 만나는 점을 C라고 합니다.

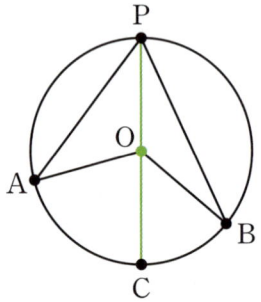

그러면 △OPA와 △OPB가 생기게 됩니다. 이 삼각형들

은 반지름을 두 변으로 가지는 이등변삼각형입니다. 그러므로 △OPA에서 ∠P=∠A가 됩니다. 삼각형의 내각의 합은 180°이므로 △OPA에서 ∠AOP=180°−(∠P+∠A)=180°−∠AOC이므로 ∠P+∠A=∠AOC이고, ∠P=∠A이므로 2×∠P=∠AOC입니다. 마찬가지 방법으로 △OPB에서도 2×∠P=∠BOC가 성립합니다.

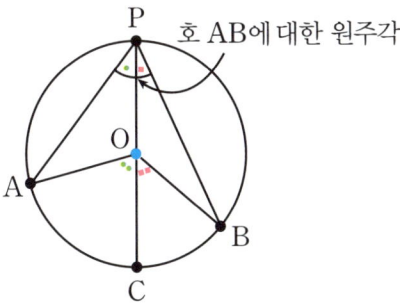

그러므로 호 AB에 대한 원주각 ∠APB는 호 AB에 대한 중심각 ∠AOB의 $\frac{1}{2}$이 됩니다. 이는 호 AB를 제외한 다른 어떤 부분의 점을 잡더라도 그 점과 A, B 두 점을 연결하여 만들어진 호 AB의 원주각은 호 AB의 중심각 크기의 $\frac{1}{2}$이 된다는 뜻입니다. 호 AB의 중심각은 위의 그림처럼 하나밖에 없기 때문에, 호 AB에 대한 모든 원주각의 크기는 같은 것이죠.

이렇게 '한 호에 대한 원주각의 크기는 모두 같다.'는 사실을 증명해 보았습니다.

또한 '원에서 한 호에 대한 원주각의 크기는 중심각의 크기의 $\frac{1}{2}$이다.'라는 사실도 알 수 있습니다. 그러므로 처음 우리가 원의 지름을 한 변으로 그린 직각삼각형들은 그 지름에 대한 중심각이 180°이므로, 그 원주각은 180°의 $\frac{1}{2}$인 90°가 됩니다. 이러한 직각삼각형을 계속 그려도 모두 원 위에 있게 되므로, 결국 원이 만들어지는 것입니다. 그것을 발견한 사람이 바로 나, 탈레스이고요.

이제는 문제를 통해 정리해 봅시다.

쏙쏙 문제 풀기

x의 값을 구하시오.

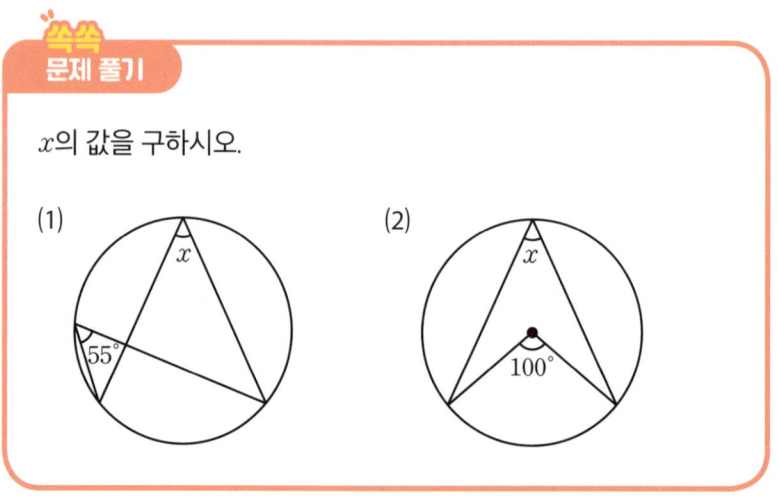

(1) 55°

(2) 100°

(1) 한 호에 대한 원주각의 크기는 모두 같으므로 $x=55°$입니다.

(2) 한 호에 대한 원주각의 크기는 중심각 크기의 $\frac{1}{2}$이므로 $x=50°$입니다.

이제 우리 주변에서 적용할 수 있는 예를 찾아볼까요?

양식장에 들어온 해적선을 잡자!

우리 마을에는 물고기 양식장이 있습니다. 이 양식장은 원 모양으로 만들어져 있습니다. 그런데 해적이 양식장을 침범하여 약탈을 일삼는다고 합니다. 어떻게 하면 이 해적이 양식장에 들어온 것을 알 수 있을까요?

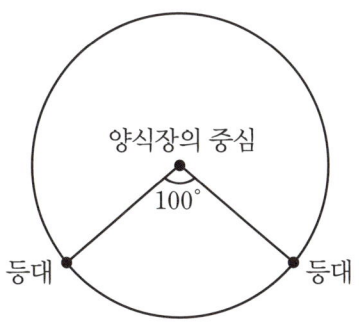

두 등대를 호의 양 끝점으로 하는 양식장의 중심각은 100°이

므로 양식장의 그물 위에 있는 모든 점의 원주각의 크기는 50°입니다. 만약 양식장 안으로 다른 물체가 들어왔다면 등대에서 그 물체를 보는 각도가 50°보다 클 것입니다. 그리고 양식장 밖에 있는 물체는 그 각이 50°보다 작겠죠. 그래서 등대에서 물체의 각도를 측정하여 50°보다 크면, 양식장 안으로 물체가 들어왔다고 보고 경고할 수 있습니다.

1. 해적선이 양식장 밖에 있다면

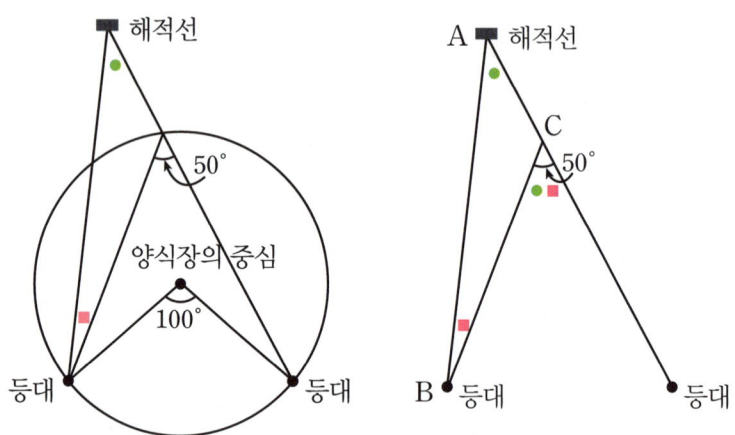

두 등대에서 해적선을 바라본 각은 ∠BAC이고, △BAC에서 ∠BAC + ∠ABC = 50°이므로 ∠BAC < 50°이 됩니다.

2. 해적선이 양식장 안으로 들어왔다면

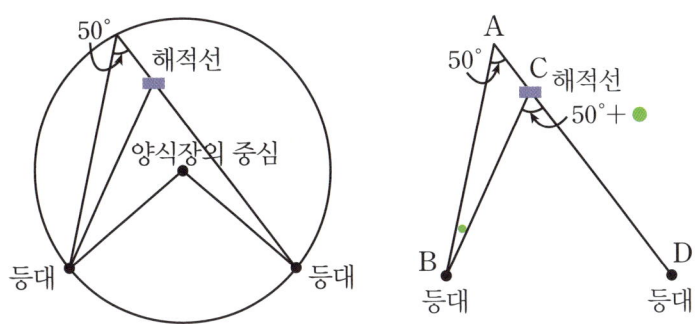

△BAC에서 ∠BAC+∠ABC=∠BCD이므로 50°<∠BCD 가 되어 해적선이 양식장에 들어온 것을 알 수 있답니다.

그럼 다음 경우로 넘어가죠.

방송국에 카메라 설치하기

방송국에서는 방송 카메라를 이용해 무대 위의 연예인을 촬영합니다. 그런데 요즘처럼 무대가 커지고 무대에 오르는 연예인도 많은 경우, 한 대의 카메라로 그들을 빠짐없이 찍을 수 있을까요?

여기서는 어떤 렌즈를 쓰는 카메라를 설치하는지가 매우 중요합니다.

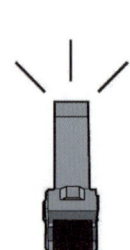

카메라마다 찍을 수 있는 최대각이 다릅니다. 예를 들어, 35mm 렌즈는 최대각이 62°라고 합니다. 따라서 35mm 렌즈 카메라로 무대를 찍을 때는 무대의 양 끝점을 원 위의 두 점이 되도록 하고, 그 호에 대한 중심각이 124°가 되게 하는 원의 중심을 찾아 원을 그린 다음, 그 원 위의 아무 곳이나 카메라를 설치하면 됩니다. 왜냐하면 한 호에 대한 원주각의 크기는 모두 같으므로, 중심각이 124°인 원 위에 카메라가 설치되면 원주각의 크기가 모두 62°가 되거든요. 그러면 무대를 모두 찍을 수 있게 되는 것입니다.

이런 곳에서도 수학이 쓰일 수 있다니, 정말 신기하죠?

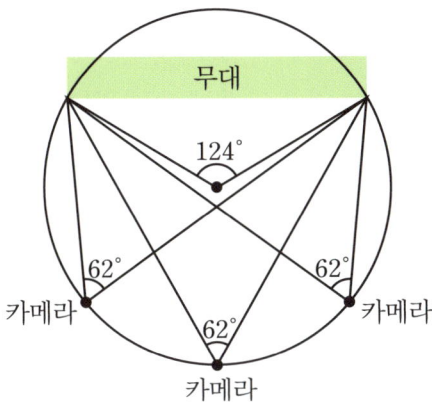

　그리고 드라마나 영화에서 배우를 가운데 두고 돌면서 찍는 장면은 같은 거리에서 똑같은 각으로 찍어야 하므로, 배우를 원의 중심으로 보고 원 모양으로 레일을 깔고 카메라를 설치하여 찍는 것이랍니다.

　지금까지 우리는 첫 번째 수업에서 현의 수직이등분선, 현과 중심각 사이의 관계, 두 번째 수업에서 원과 직선의 위치 관계, 특히 원과 접선과의 관계 그리고 이번 시간에 중심각과 원주각 사이의 관계에 대해 배웠습니다. 그런데 신기하게도 이들이 서로 합쳐져서 아주 중요한 성질을 하나 이루게 됩니다. 바로 다음의 성질입니다.

> 접선과 현이 이루는 각은 그 호에 대한 원주각의 크기와 같다.

이것을 그림으로 나타내면 다음과 같습니다. 여기서 점 A는 접점이므로, 직선 AC는 접선이 됩니다. 또한 B, P는 원 위의 두 점입니다.

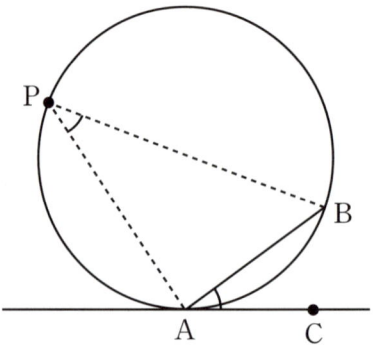

이때 호 AB에 대한 원주각 ∠APB는 접선 AC와 현 AB가 이루는 각 ∠BAC와 같습니다. ∠APB=∠BAC

이제까지의 내용을 모두 이해했죠? 그럼 점 A를 지나는 접선 AC 현 AB 그리고 호 AB의 원주각 ∠APB의 관계를 나타내는 위 그림도 이해할 수 있을 것입니다.

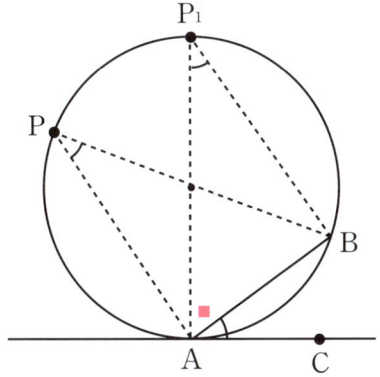

호 AB에 대한 원주각의 크기는 모두 같으므로, 접점 A로부터 중심을 지나는 점 P_1을 원주 위에 찍습니다. 그러면 선분 AP_1이 지름이 됩니다. 지름에 대한 원주각의 크기는 90°이므로 $\angle ABP_1 = 90°$입니다.

또한 접선 AC와 중심을 지나는 지름 AP_1 역시 수직이므로 $\angle P_1AC = 90°$입니다. $\triangle P_1AB$는 $\angle B = 90°$인 직각삼각형이므로 $\angle AP_1B + \angle P_1AB = 90°$이며, $\angle P_1AC$ 역시 직각이므로 $\angle BAC + \angle P_1AB = 90°$. 그러므로 $\angle AP_1B = \angle BAC$입니다. 호 AB에 대한 원주각의 크기는 모두 같으므로 $\angle AP_1B = \angle APB$.

따라서 $\angle APB = \angle BAC$가 성립합니다.

증명이 길었지만 문제를 통해 정리해 봅시다.

쏙쏙 문제 풀기

도로 표지판이 오랜 시간이 지나 지워지고 말았다. 다시 그리려고 하는데 어떻게 하면 좋을지 쓰시오.

먼저 30°를 이루고 있는 점에서의 접선을 긋습니다. 그다음 접선과 현이 이루는 각을 구한 후, 마지막으로 지워진 부분에서의 삼각형 부분의 각도를 구하여 복원하면 됩니다.

이 문제를 해결하기 위해 접선을 긋는 이유는 접선과 현이 이루는 각은 그 호에 대한 원주각의 크기와 같기 때문입니다. 크기가 같은 각을 표시해 보면 다음과 같습니다.

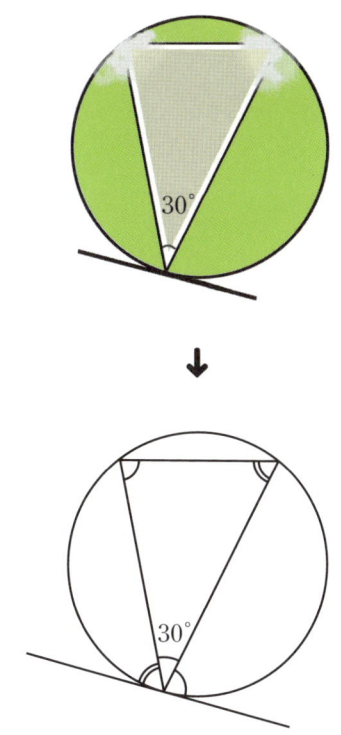

따라서 각 각의 크기를 재어 다음과 같은 삼각형이 그려진 표지판을 완성할 수 있습니다.

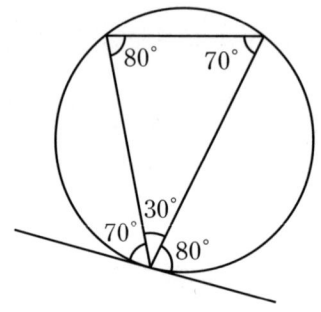

수업정리

❶ 한 호에 대한 중심각은 1개입니다.

❷ 한 호에 대한 원주각은 무수히 많습니다.

❸ 원에서 한 호에 대한 원주각의 크기는 중심각의 크기의 $\frac{1}{2}$입니다.

❹ 한 호에 대한 원주각의 크기는 모두 같습니다.

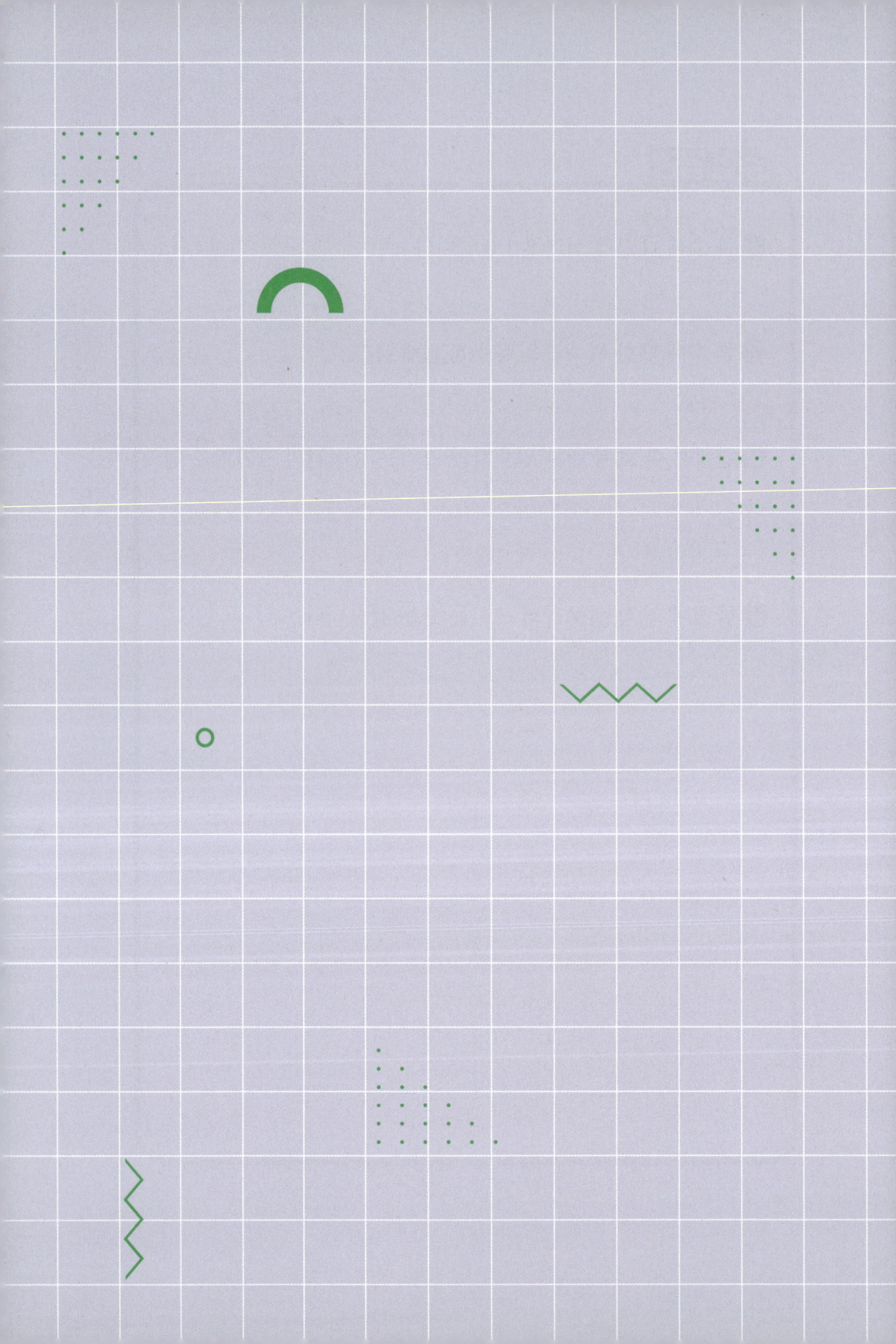

4교시

원과 사각형

사각형이 한 원 위에 있기 위한 조건을 알아보고
그런 사각형의 특징을 살펴봅니다.

수업 목표

1. 원에 내접하는 사각형에서 한 쌍의 대각의 크기의 합은 180°입니다.
2. 원에 내접하는 사각형에서 한 외각의 크기는 그 내대각의 크기와 같습니다.

미리 알면 좋아요

1. **외심** 삼각형에서 세 변의 수직이등분선의 교점을 말합니다.

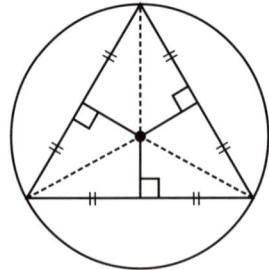

2. **내대각** 사각형에서 한 외각에 이웃하는 내각의 대각을 말합니다.

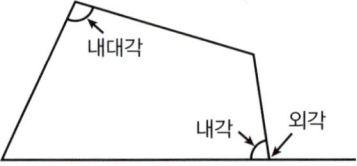

탈레스의 네 번째 수업

 지금까지 원과 직선과의 관계에 대해 살펴보았습니다. 그렇다면 우리가 잘 알고 있는 삼각형과 원 그리고 사각형과 원은 어떤 관계일까요?

 '다각형'이라고도 하는 일반적인 도형은 각의 개수에 따라 이름 붙여집니다. 각이 3개이면 삼각형, 4개이면 사각형, 5개면 오각형……. 이들은 언뜻 보면 원과 같은 점이 전혀 없어 보이지만, 삼각형과 사각형은 원과 묘한 인연이 있습니다. 지금부터 그

인연에 대해 알아보도록 하겠습니다.

먼저, 원과 삼각형은 운명을 같이합니다.

알다시피 삼각형은 세 점으로 구성됩니다. 물론 일직선상에 있지 않아야 합니다. 일직선상에 있다면 삼각형이 될 수 없습니다.

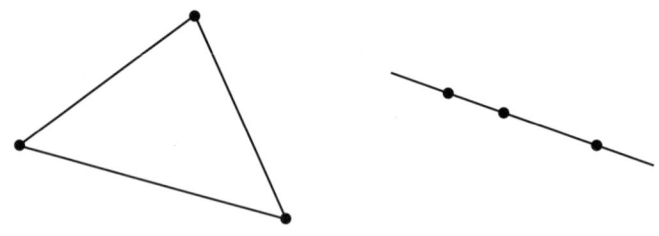

이렇게 일직선상에 있지 않은 세 점은 원과 어떤 관계일까요?

신기하게도 이 점들은 반드시 한 원 위에 있게 됩니다. 이 원을 '삼각형의 외접원'이라고 합니다. 또 세 변에서 수직이등분선을 그으면 그 선들이 한 점에서 만나는데, 바로 그 점이 이 원의 중심이 됩니다. 원의 중심에서 각 꼭짓점으로 선을 그으면 모두 길이가 같은 반지름이 됩니다. 현의 수직이등분선은 원의 중심을 지난다는 사실과 비교할 수 있겠죠.

이를 그림으로 나타내면 다음과 같습니다. 삼각형의 세 변을 현이라고 보면 되겠죠?

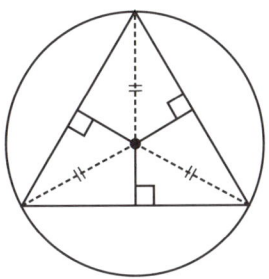

모든 삼각형에는 외심이 존재합니다. 외심에서는 세 변의 수직이등분선을 반드시 그릴 수 있고, 그 선분들은 모두 한 점에서 만납니다. 그런데 특이하게도 직각삼각형과 둔각삼각형은 이 점이 삼각형의 한 변이나 밖에 존재하기도 합니다.

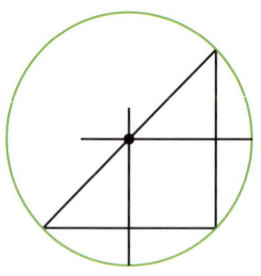 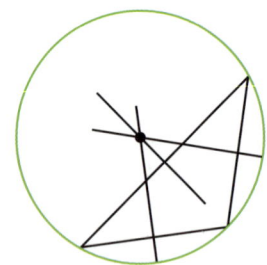

그러나 삼각형의 세 점이 모두 한 원 위에 있다는 것은 달라지지 않습니다. 그러므로 모든 삼각형은 원에 접합니다.

이제 원과 사각형의 관계를 살펴볼까요? 마찬가지로 일직선상에 있지 않은 네 점을 생각합니다. 세 점을 지나는 삼각형은 반드시 존재하므로, 나머지 한 점을 추가해 보도록 합시다. 이 점은 원 안팎 어디에나 있을 수 있습니다. 하지만 네 점이 한 원 위에 있으려면 이 점이 외접원 위에 위치하면 되겠죠.

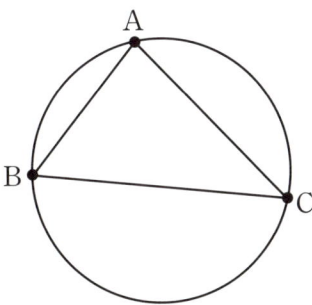

나머지 한 점이 호 AB 또는 호 AC 또는 호 BC 위에 있다면, 네 점이 한 원 위에 있게 됩니다. 이 점, D가 호 BC에 있다고 해 봅시다. 원의 중심과 점 B, 점 C를 연결하고 점 D와 점 B, 점 C도 연결합니다. 그러면 두 개의 호가 생기게 되고, 그 호의 중심각과 2개의 원주각도 생깁니다. 우리는 세 번째 수업에서 원주각은 그 중심각의 $\frac{1}{2}$이라는 사실을 배웠습니다. 그러므로 아래 그림과 같이 표시할 수 있습니다.

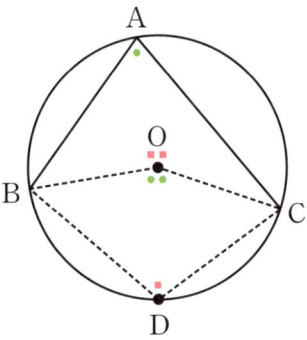

두 중심각의 크기의 합은 360°이므로, 그 중심각의 $\frac{1}{2}$인 원주각의 합은 180°가 됩니다. 따라서 다음과 같은 성질이 만족되어야 네 점이 한 원 위에 있다는 사실을 알 수 있습니다.

> **쏙쏙 이해하기**
>
> 사각형이 원에 내접하려면 마주 보는 대각의 합이 180°가 되어야 한다.

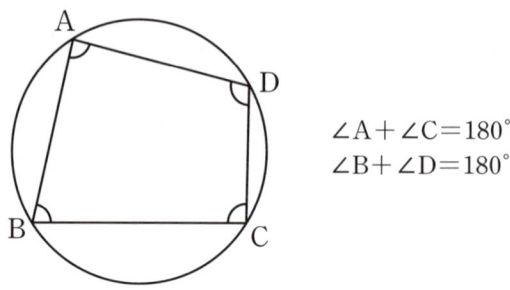

$\angle A + \angle C = 180°$
$\angle B + \angle D = 180°$

즉, 네 점이 한 원 위에 있을 조건은 각 점을 서로 연결하여 마주 보는 각의 크기가 180°인 것입니다. 삼각형과 달리 사각형은 이 조건이 갖추어져야 모든 점이 한 원 위에 있게 됩니다. 오각형과 육각형은 더더욱 까다로운 조건을 만족해야겠죠.

앞의 사실로부터 우리는 모든 정사각형과 직사각형은 원에 내접한다는 것을 알 수 있습니다. 정사각형과 직사각형은 마주 보는 각의 합이 모두 180°이기 때문입니다.

그리스의 천문학자이자 수학자 프톨레마이오스_{영어명: 톨레미}는 원에 내접하는 사각형의 성질을 선분의 길이를 통해서 알아

내기도 했습니다. 이를 '톨레미 정리'라고 부릅니다.

톨레미 정리 프톨레마이오스 정리

네 점이 한 원 위에 있다면 $\overline{AB}\cdot\overline{CD}+\overline{AD}\cdot\overline{BC}=\overline{AC}\cdot\overline{BD}$를 만족한다. 즉, 마주 보는 대변의 곱의 합은 두 대각선의 곱과 같다.

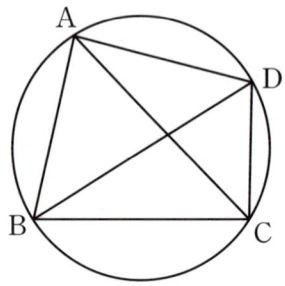

위 정리를 증명해 볼까요?

먼저 ∠BAE=∠CAD가 되도록 점 E를 잡습니다. 그럼 다음 장과 같은 그림이 됩니다.

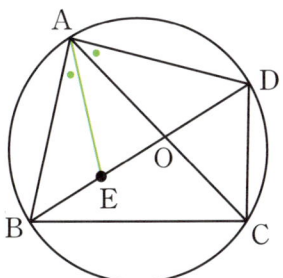

호 AD에 대한 원주각은 ∠ABD=∠ACD입니다. 고로 △ABE∽△ACD입니다. 따라서 $\overline{AB}:\overline{BE}=\overline{AC}:\overline{CD}$이고, 여기서 $\overline{AB}\times\overline{CD}=\overline{BE}\times\overline{AC}$가 성립합니다. 마찬가지로 호 AB에 대한 원주각은 ∠ADB=∠ACB이고 ∠DAE=∠CAB이므로 △ABC∽△AED입니다. 그러므로 $\overline{AC}:\overline{BC}=\overline{AD}:\overline{ED}$이고, 여기서 $\overline{AC}\times\overline{ED}=\overline{BC}\times\overline{AD}$가 성립합니다.

밑줄 친 식을 더하면 다음과 같습니다.

$$\begin{aligned}&\overline{AB}\times\overline{CD}=\overline{BE}\times\overline{AC}\\ +&\overline{AD}\times\overline{BC}=\overline{ED}\times\overline{AC}\\ \hline &\overline{AB}\cdot\overline{CD}+\overline{AD}\cdot\overline{BC}=(\overline{BE}+\overline{ED})\cdot\overline{AC}\\ &\overline{AB}\cdot\overline{CD}+\overline{AD}\cdot\overline{BC}=\overline{AC}\cdot\overline{BD}\end{aligned}$$

이 공식을 통해 우리가 알 수 있는 것은, 앞에서 언급한 직사각형과 정사각형은 대변끼리의 길이가 같으므로 다음 그림에서 얻을 수 있는 공식도 성립한다는 것입니다.

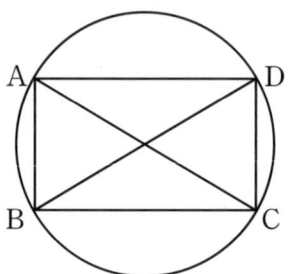

$\overline{AB} \cdot \overline{CD} + \overline{AD} \cdot \overline{BC} = \overline{AC} \cdot \overline{BD}$이고, $\overline{AB} = \overline{DC}$, $\overline{AD} = \overline{BC}$, $\overline{AC} = \overline{BD}$이므로 $\overline{AB}^2 + \overline{BC}^2 = \overline{AC}^2$이 성립합니다. 그러므로 톨레미 정리를 이용하여 피타고라스의 정리가 성립한다는 사실도 알 수 있습니다.

자, 그럼 지금까지 배운 내용을 문제를 풀어 보면서 정리하도록 하겠습니다. 그런데 주의해야 할 점이 있습니다. 바로 네 점이 한 원 위에 있을 경우에만 톨레미 정리를 사용할 수 있다는 것입니다. 이 점에 유의하면서 다음 문제들을 차근차근 풀어 보도록 합시다.

쏙쏙 문제 풀기

x, y의 값을 구하시오.

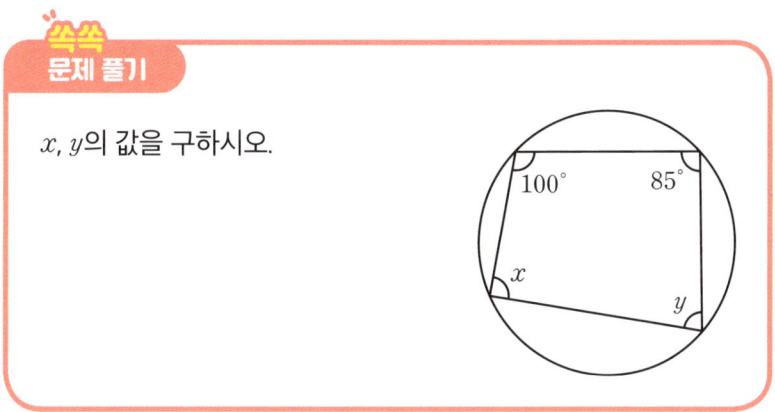

네 점이 한 원 위에 있으므로 마주 보는 대각의 크기의 합이 180°가 되어야 합니다. 그러므로 $x=95°$, $y=80°$입니다.

쏙쏙 문제 풀기

x의 값을 구하시오.

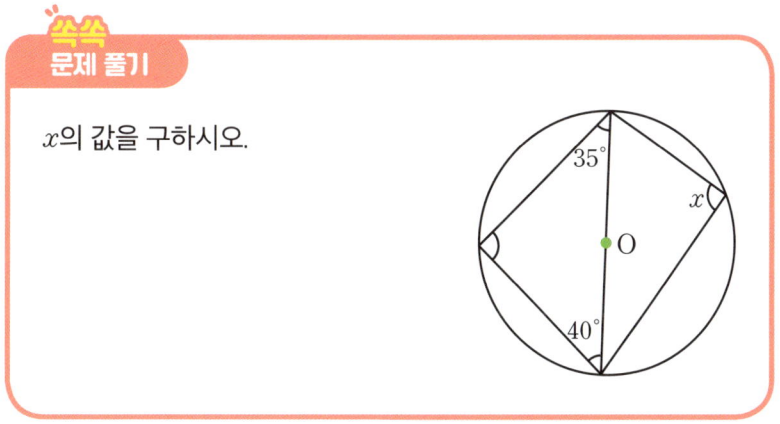

마찬가지로 네 점이 한 원 위에 있으므로, 마주 보는 각의 합이 180°가 되어야 합니다. 왼쪽 삼각형에서 삼각형의 내각의 합이 180°이므로, (x와 마주 보는 각)+35°+40°=180°입니다.

(x와 마주 보는 각)+x=180°

따라서 x=35°+40°=75°가 됩니다.

그럼 이번에는 우리 주변에서 일어날 수 있는 상황을 해결해 볼까요?

쏙쏙 문제 풀기

4명이 가운데 놓인 의자를 사이에 두고 돌면서 의자에 먼저 앉는 사람이 승리하는 게임을 하고 있다. 주위에는 길이가 2m인 자가 하나 있다. 모두 의자로부터 같은 거리만큼 떨어져 있어야 공평한데, 서로 자기가 더 멀리 있다고 주장하고 있다. 어떻게 해결하면 좋을지 쓰시오.

이 문제를 해결하는 방법은 가로, 세로가 각각 2m인 정사각형을 하나 그리고, 그 정사각형의 가운데에 의자를 두고 정사각형의 각 꼭짓점에 서서 출발하는 것입니다. 정사각형의 각 꼭짓점은 마주 보는 각의 합이 180°이므로, 모두 한 원 위에 있는 점이 됩니다. 그러므로 의자로부터 모두 같은 거리만큼 떨어져 있다고 볼 수 있습니다.

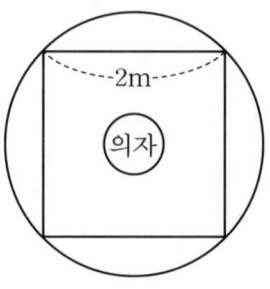

 원에 내접하는 사각형의 두 번째 성질은 사각형의 한 꼭짓점에서 원 외부로 연장선을 그으면 외각이 생기고, 그 외각의 크기와 내대각의 크기가 같다는 것입니다.

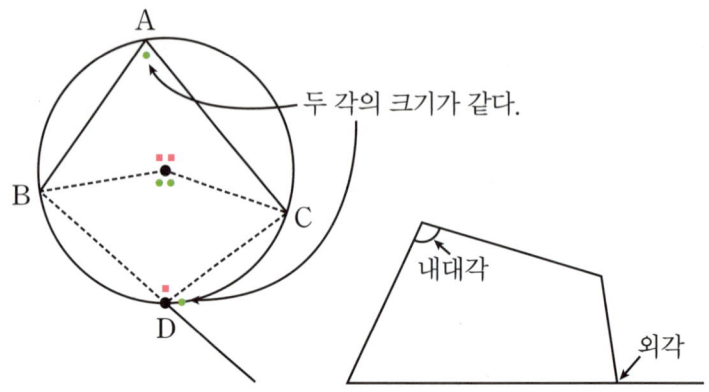

 위 그림처럼 마주 보는 대각의 합이 180°일 때, 한 외각과 내대각의 크기는 같다는 사실을 자연스럽게 알 수 있습니다.

> 원에 내접하는 사각형에서 한 외각의 크기는 그 내대각의 크기와 같다.

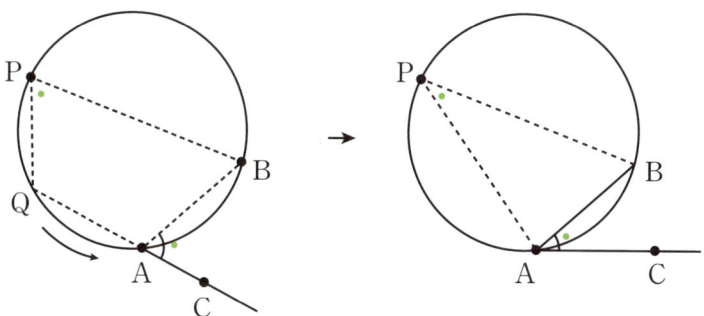

삼각형에서 현과 접선이 이루는 각이 그 호의 원주각과 같다는 성질과 사각형의 한 외각과 그 내대각의 크기가 같다는 사실을 비교해서 살펴보면 더욱 재미있습니다. 위 그림과 같이 점 Q를 점 A 쪽으로 옮겨 주면 되겠죠.

자, 그럼 마지막으로 지금까지 배운 내용을 떠올리면서 정리 문제를 풀어 볼까요?

쏙쏙 문제 풀기

∠x, ∠y의 값을 구하시오.

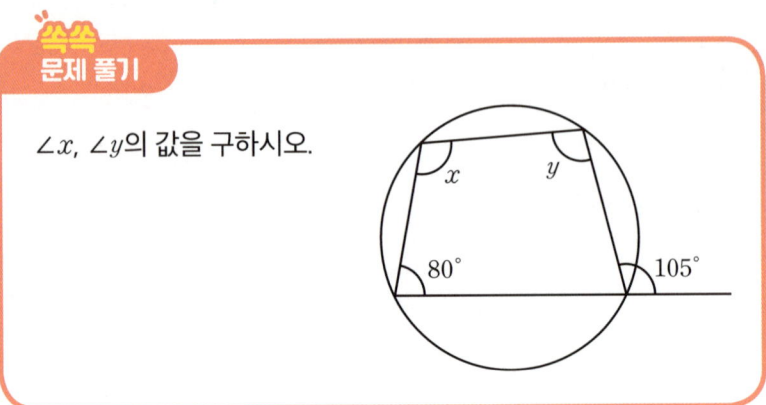

사각형이 원에 내접하므로 105°와 내대각을 이루고 있는 ∠x =105°이고, 원과 접하는 사각형에서 마주 보는 각의 합은 180° 이므로 ∠y=100°가 됩니다.

쏙쏙 문제 풀기

∠x+∠y+∠z의 값을 구하시오.

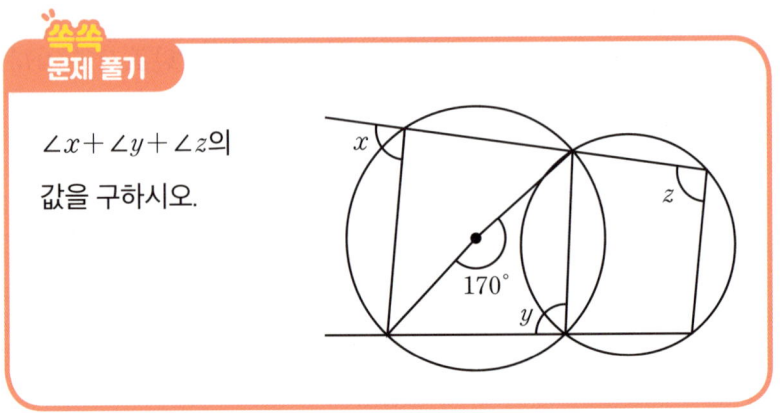

∠x의 내대각은 ∠y이고 ∠y의 내대각은 ∠z이므로, ∠x=∠y=∠z입니다. 그리고 큰 원에서 중심각이 170°인 호의 원주각은 85°이므로 ∠y=95°가 됩니다. 그러므로 ∠x+∠y+∠z=3×95°=285°입니다.

수업 정리

❶ 원에 내접하는 사각형은 마주 보는 대각의 합이 180°입니다.

❷ 접선과 현이 이루는 각의 크기와 비교하여 원에 내접하는 사각형에서 한 외각의 크기는 그 내대각의 크기와 같다는 사실을 알 수 있습니다.

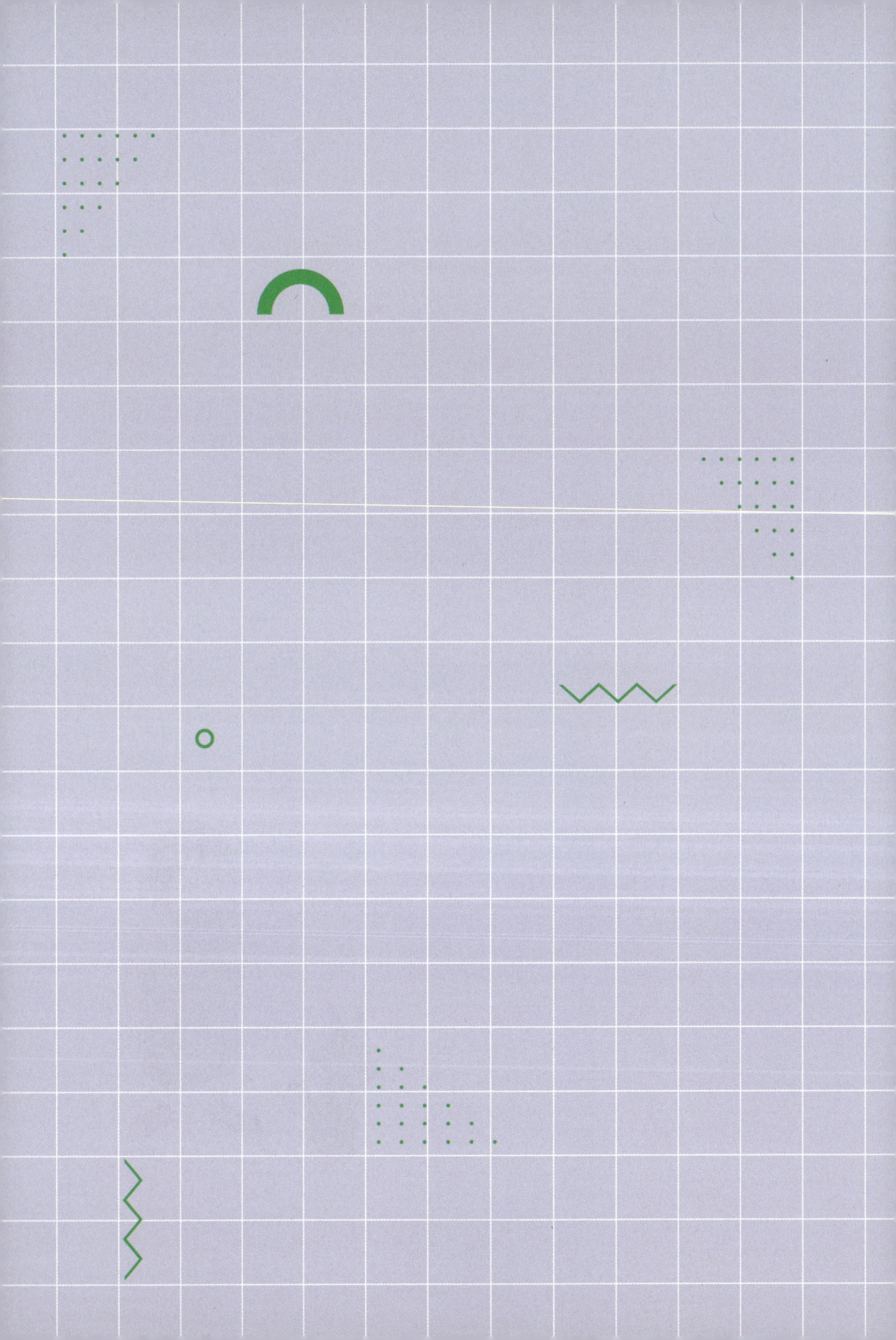

5교시

원과 비례

원 안에 있는 한 점에서 만나는 두 현 사이의 관계를 살펴보고 이들 사이의 길이의 비를 알아봅니다.
원 밖의 한 점에서 그은 두 할선의 길이의 비도 알아봅니다.

수업 목표

1. 원을 지나는 할선들의 길이를 측정할 수 있습니다.
2. 원과 비례의 성질을 이용하여 농구공의 부피를 측정할 수 있습니다.

미리 알면 좋아요

1. **할선** 원과 두 점에서 만나는 직선을 말합니다.

2. **구두장이의 칼** 호 A의 길이와 호 B의 길이가 같은 반원 모양의 도형을 말합니다.

호 A의 길이＝호 B의 길이

탈레스의 다섯 번째 수업

 자, 이제 다섯 번째 수업을 시작하도록 하겠습니다. 우선, 한 원의 내부 아무 곳에나 점 하나를 찍어 봅시다. 그리고 그 점을 지나는 현 2개를 그어 봅시다.

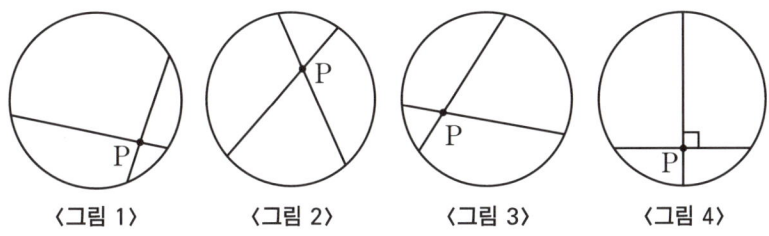

〈그림 1〉   〈그림 2〉   〈그림 3〉   〈그림 4〉

모두 서로 다르게 그려도 괜찮습니다. 무수히 많이 그릴 수 있으니까요. 이 중 그림 2에서 원과 만나고 있는 원 위의 네 점을 서로 연결해 봅시다. 그러면 삼각형 4개가 만들어집니다. 이 삼각형들은 서로 닮은 삼각형입니다.

원 위에 호가 4개 생기고 그 호에 대한 원주각의 크기를 오른쪽 그림에 표시해 보면 4쌍이 나타납니다.

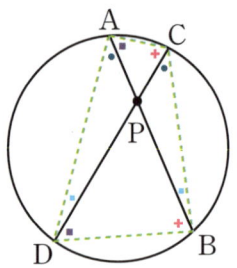

확인해 보면 △PAD∽△PCB두 각의 크기가 같음라는 것을 알 수 있습니다.

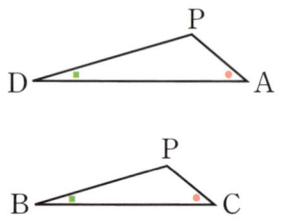

그러므로 $\overline{PA}:\overline{PC}=\overline{PD}:\overline{PB}$, $\overline{PA}\times\overline{PB}=\overline{PC}\times\overline{PD}$입니다.
△PAC∽△PDB에서도 $\overline{PA}:\overline{PD}=\overline{PC}:\overline{PB}$가 성립하므로,

$\overline{PA} \times \overline{PB} = \overline{PD} \times \overline{PC}$가 만족됩니다.

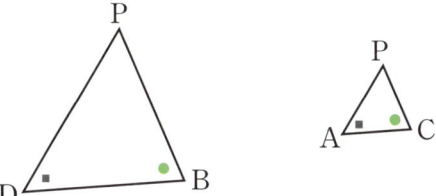

따라서 한 원에서 두 현 AB, CD 또는 이들의 연장선이 만나는 점을 P라고 하면 $\overline{PA} \cdot \overline{PB} = \overline{PC} \cdot \overline{PD}$가 성립한다는 것을 알 수 있습니다.

네 번째 수업에서 네 점이 한 원 위에 있다면, 각 점을 연결했을 때 마주 보는 대변의 곱의 합은 두 대각선의 곱과 같다는 사실을 배웠습니다. 여기에 방금 배운 내용도 추가합시다. 한 원 위에 네 점이 있다면 그 네 점을 서로 잇는 선분을 그려서 그 선분이 교차하는 점을 P라고 하고 $\overline{PA} \cdot \overline{PB} = \overline{PC} \cdot \overline{PD}$라는 식이 만족되면 점 A, B, C, D가 한 원 위에 있음도 알 수 있어요.

자, 그럼 다음 그림을 보도록 하죠.

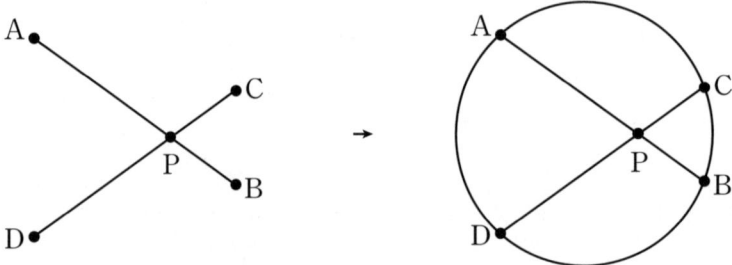

$$\overline{PA} \cdot \overline{PB} = \overline{PC} \cdot \overline{PD}$$

우리는 특히 그림 4에 주목해야 합니다. 이 그림은 우리에게 아주 좋은 결과를 알려 줍니다. 원의 지름을 쉽게 구할 수 있게 해 주거든요.

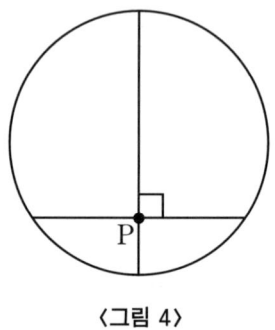

〈그림 4〉

왜 그런지 감이 오지 않지요? 예를 통해 알아봅시다.

원 모양 식탁의 지름 구하기

원 모양 식탁을 사려고 합니다. 그런데 가지고 있는 줄자가 짧아서 식탁의 크기 측정이 어렵게 되었습니다. 그렇다면 더 긴 줄자를 구해야 할까요? 가지고 있는 줄자로 크기를 알 수 있는 방법은 없을까요?

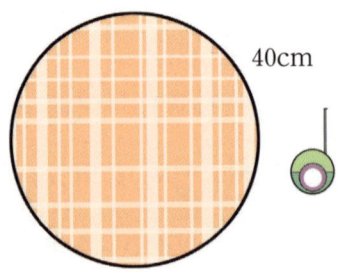

먼저 줄자를 이용하여 줄자가 측정할 수 있는 길이 40cm 만큼만 식탁 위의 두 점을 잡아 측정합니다. 그다음 측정한 두 점의 중점을 찾아서 표시하고, 그 점에서 원 위의 한 점으로 수직인 선을 그어 그 길이를 측정합니다.

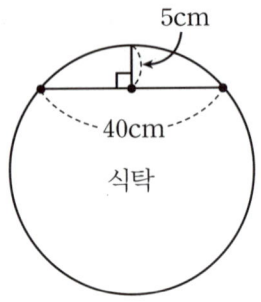

이제 첫 번째 수업에서 배운 원의 성질을 활용해 봅시다. 현의 수직이등분선은 원의 중심을 지나게 되므로, 다음 장과 같은 그림을 생각할 수 있습니다.

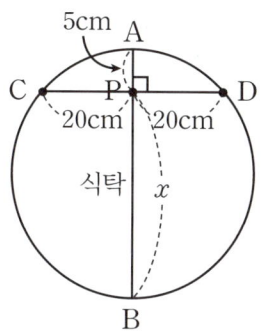

따라서 네 점이 한 원 위에 있게 되고 $\overline{PA} \cdot \overline{PB} = \overline{PC} \cdot \overline{PD}$를 만족하므로 $5 \times x = 20 \times 20$, $x = 80$입니다. 그러므로 식탁의 지름은 $\overline{AP} + \overline{PB} = 5 + 80 = 85$cm가 됩니다.

구두장이의 칼

이 도형은 아르키메데스의 책에 소개되어 있습니다. 이름은 '구두장이의 칼'로, 큰 반원의 호의 길이는 아래 작은 두 반원의 호의 길이의 합과 같다고 알려져 있습니다. 그리고 넓이는 다음 장의 연두색 원과 같다고 합니다.

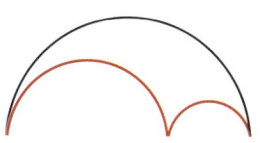

그 이유를 알아봅시다. 먼저 구두장이의 칼 아래 반원을 그리고, 검은 원과 구두장이의 칼이 만나는 점을 A와 O로 둡니다. 그러면 네 점 A, B, C, D는 한 원 위에 있게 되고 원과 비례 성질에 의해 $\overline{AO} \times \overline{OB} = \overline{CO} \times \overline{OD}$이므로 $(2h)^2 = 2a \times 2b$입니다. 그러므로 $h^2 = ab$입니다.

이때 연두색 원의 넓이는 $h^2\pi$이므로 $ab\pi$로 볼 수 있습니다.

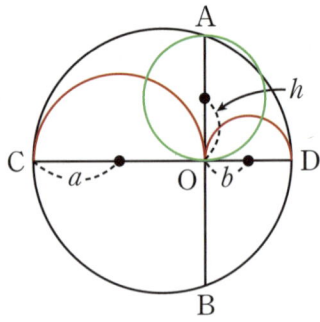

반면 구두장이의 칼의 넓이는 큰 반원에서 작은 두 반원의 넓이를 빼면 됩니다. 여기서 큰 반원의 반지름은 $(a+b)$이고 작은 두 반원의 반지름은 각각 a, b이므로 구두장이의 칼의 넓이는 $\frac{1}{2}(a+b)^2\pi - \frac{1}{2}a^2\pi - \frac{1}{2}b^2\pi = \frac{1}{2}\pi\{(a+b)^2 - (a^2+b^2)\} = ab\pi$가 됩니다. 즉, 연두색 원과 넓이가 같은 것입니다.

다음으로 원과 그 원 외부에 점을 하나 그려 봅시다. 외부의 점으로부터 접선을 2개 그을 수 있으면, 그 접선 사이의 선들은 모두 원과 두 점에서 만나게 됩니다.

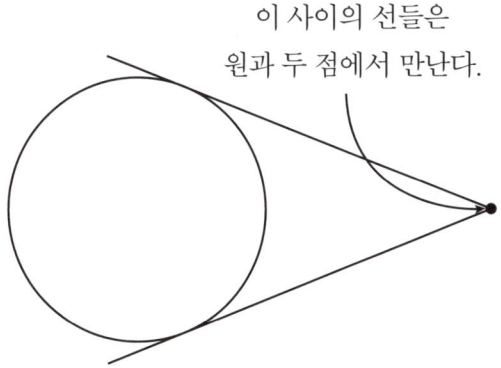

이 사이의 선들은
원과 두 점에서 만난다.

외부의 점으로부터 원과 두 점에서 만나도록 선을 2개 긋습니다. 그리고 원과 만나는 점들을 표시합니다. 이제 그 점들을 선분으로 이어 봅시다. 그러면 원에 내접하는 사각형 ABCD가 생깁니다.

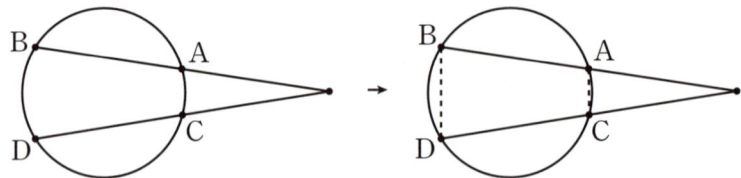

네 번째 수업에서 배운 '원에 내접하는 사각형에서 한 외각의 크기는 그 내대각의 크기와 같다.'는 성질을 이용하여 각을 그림으로 표시하고 두 삼각형을 비교해 봅시다.

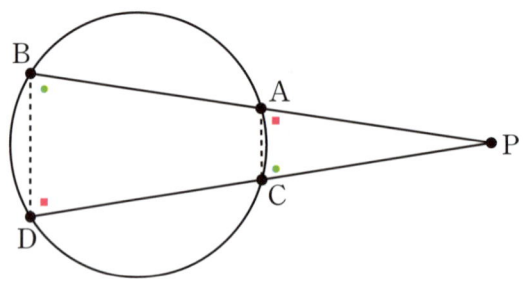

여기서 두 삼각형 △PBD와 △PCA는 닮음이 됩니다. 따라서 $\overline{PB}:\overline{PC}=\overline{PD}:\overline{PA}$, $\overline{PA}\cdot\overline{PB}=\overline{PC}\cdot\overline{PD}$가 성립됩니다.

다음 예제를 통해 한 번 더 확인해 봅시다.

쏙쏙 문제 풀기

지름이 90m인 원 모양의 호수에 직선 모양의 다리가 하나 놓여 있다. 이 다리의 길이를 측정하시오. 단, 직접 다리를 건너서는 안 되며 호수 밖의 안내판 내용을 바탕으로 재어야 한다.

이 지점으로부터 호수의 분수대까지는 75m이다. 다리 입구까지는 40m이다.

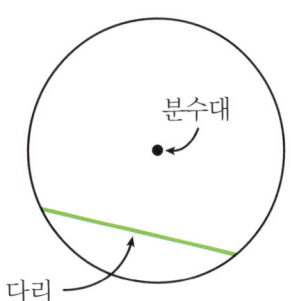

호수의 반지름이 45m이므로 안내판으로부터 호수 앞까지의 거리는 30m가 됩니다.

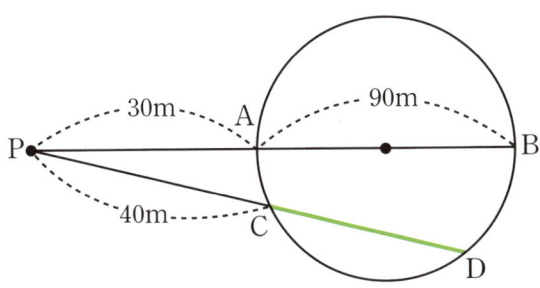

원 위에 네 점이 있으므로 $\overline{PA}\cdot\overline{PB}=\overline{PC}\cdot\overline{PD}$가 성립합니다. 그러므로 $30\times 120=40\times\overline{PD}$, $\overline{PD}=90\mathrm{m}$, $\overline{PC}=40\mathrm{m}$이므로 $\overline{CD}=50\mathrm{m}$입니다. 따라서 다리의 길이는 50m입니다.

마지막으로 접선과 할선 사이의 관계를 알아봅시다.

> 원 외부의 한 점 P에서 이 원에 그은 접선과 할선이 원과 만나는 점을 각각 T, A, B라고 하면 $\overline{PT}^2=\overline{PA}\cdot\overline{PB}$다.

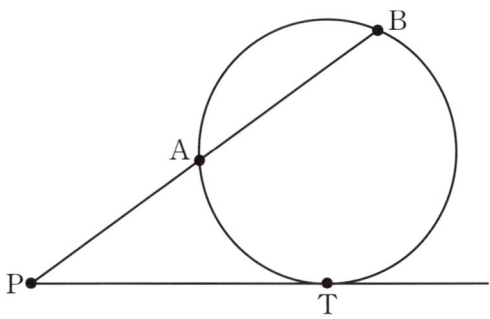

앞에서 배운 내용을 통해 $\overline{PA}\cdot\overline{PB}=\overline{PE}\cdot\overline{PF}=\overline{PC}\cdot\overline{PD}$이므로 $\overline{PA}\cdot\overline{PB}=\overline{PT}^2$이 됨을 예상할 수 있습니다.

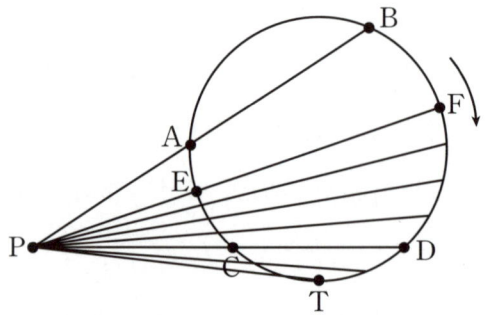

하지만 확실한 결과로 나온 것이 아니니 증명해 보도록 합시다. 점 A와 접점 T, 접점 T와 점 B를 연결합니다. 세 번째 수업에서 배운 '접선과 현이 이루는 각은 그 호에 대한 원주각의 크기와 같다.'는 성질을 이용하면 △APT∽△TPB임을 알 수 있습니다.

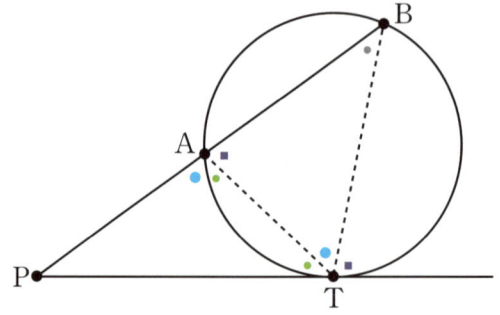

두 삼각형이 닮았으므로 $\overline{PA}:\overline{PT}=\overline{PT}:\overline{PB}$, $\overline{PA}\cdot\overline{PB}=\overline{PT}^2$이 성립합니다.

그럼 예제를 통해 정리해 봅시다.

쏙쏙 문제 풀기

$\overline{PA}=4, \overline{PB}=2$일 때, 원의 지름을 구하시오.

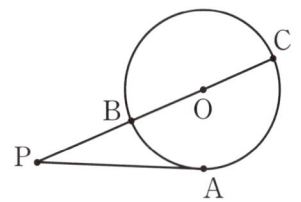

$\overline{PA}^2=\overline{PB}\times\overline{PC}$이므로 $\overline{PC}=x$라 두면 $4^2=2\times x$입니다. 그러므로 $x=8$임을 알 수 있습니다. $\overline{PB}=2$이므로 $\overline{BC}=\overline{PC}-\overline{PB}=8-2=6$입니다. 따라서 원의 지름은 6이 됩니다.

여기서 이 원의 반지름의 길이는 3이므로, △PAO는 다음 장의 그림과 같은 길이를 가지는 삼각형이 됩니다. 이때 길이 사이의 관계가 $4^2+3^2=5^2$을 만족하므로 $\overline{PA}^2+\overline{OA}^2=\overline{PO}^2$이 성립되어 △PAO는 피타고라스의 정리를 만족한다는 사실도 확인할 수 있습니다. 즉, △PAO가 ∠PAO=90°인 직각삼각형이라는 것인데요. 이는 접선과 원의 중심과 접점을 연결한 선이 수직이 된다는 사실을 뒷받침해 줍니다.

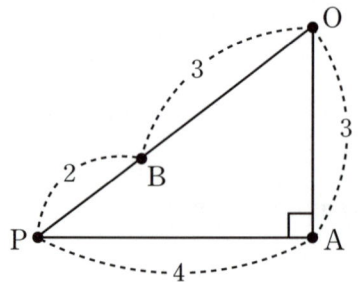

농구공의 부피 측정

실생활에서 구 모양의 저금통이나 공들의 부피를 측정하고 싶어도 구멍을 뚫거나 내용물을 옮겨 담아 측정할 수는 없습니다. 이때 아래 그림과 같이 공까지의 접선의 길이와 공의 중심과 원 외부 점 사이의 거리를 측정한다면, 지금까지 배운 원의 성질을 이용하여 공의 부피를 알 수 있습니다.

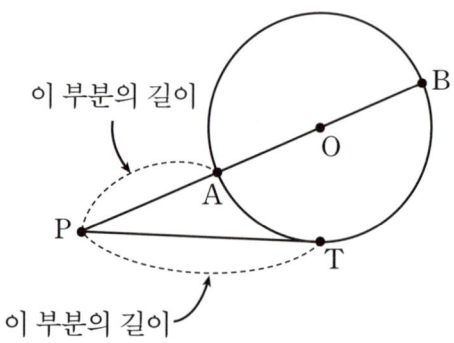

$\overline{PA} \cdot \overline{PB} = \overline{PT}^2$, $\overline{PA} \cdot (\overline{PA} + 공의 지름) = \overline{PT}^2$이므로 공의 지름을 구할 수 있습니다. 구의 부피를 구하는 공식은 $\frac{4}{3}\pi r^3$이니까, 이제 공의 부피를 계산할 수 있겠죠?

수업정리

❶ 한 원에서 두 현 AB, CD 또는 이들의 연장선이 만나는 점을 P라고 하면 $\overline{PA} \cdot \overline{PB} = \overline{PC} \cdot \overline{PD}$가 성립합니다.

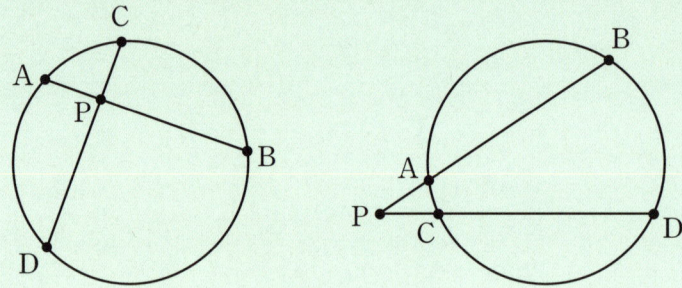

❷ 원 외부의 한 점 P에서 원에 그은 접선과 할선이 원과 만나는 점을 각각 T, A, B라고 하면 $\overline{PT}^2 = \overline{PA} \cdot \overline{PB}$가 성립합니다.

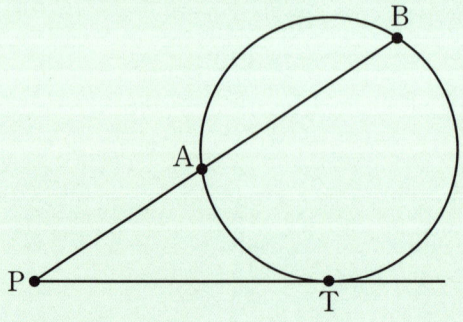

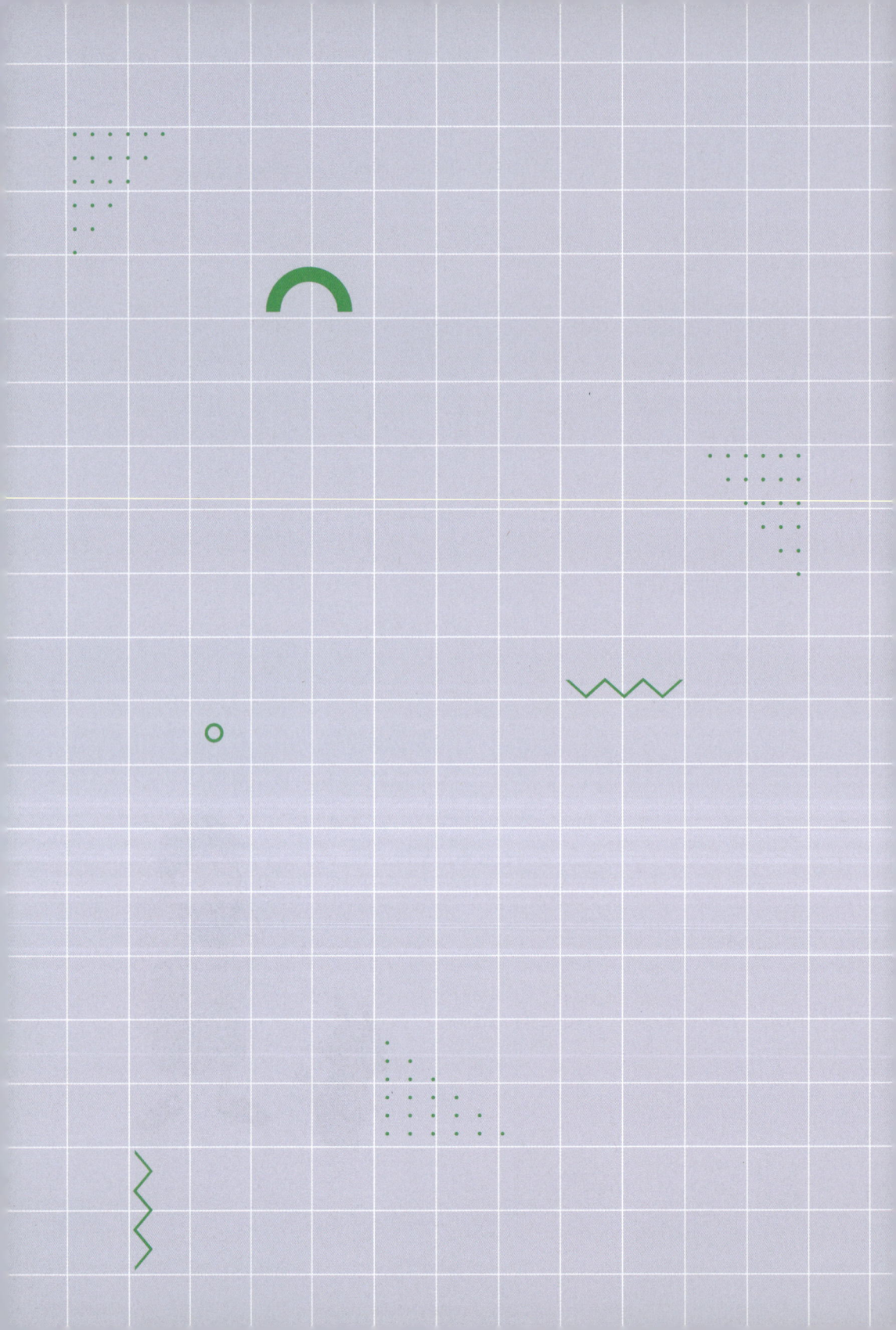

6교시

원의 접선 작도하기

원과 한 점에서 만나는 직선을 직접 그려 봅니다.
세 가지 조건이 주어져 있을 때 그려 보는 방법을 소개합니다.

수업 목표

1. 지금까지 배운 내용을 토대로 원의 접선을 작도할 수 있습니다.
2. 접선 작도가 끝나면 작도한 직선이 접선임을 증명할 수 있습니다.

미리 알면 좋아요

똑같은 각 작도하기

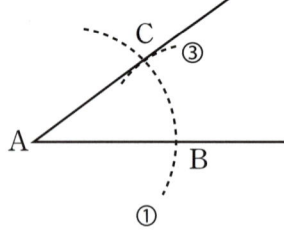 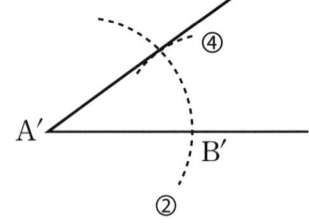

탈레스의 여섯 번째 수업

자, 이제 마지막 수업입니다.

지금까지 원에 대해 다섯 번에 걸쳐 수업을 진행하였습니다. 배운 내용을 바탕으로 이제부터는 그리기 쉽지 않았던 접선을 정확하게 그려 봅시다.

접선을 직접 작도해 보면 그동안 우리가 배웠던 내용들을 다시 한번 배우고 복습할 수 있습니다. 그러니 집중하여 잘 살펴보도록 합시다.

1. 원의 중심이 주어져 있을 때 원 위의 임의의 한 점에서의 접선 그리기

접선의 성질을 이용하려면 우선 원의 중심과 접점을 잇는 선분은 접선과 수직이 되어야 하므로, 점 P를 지나는 접선과 점 P와 원의 중심을 잇는 선분 $\overline{OP}$는 서로 수직이 되어야 합니다. 이 사실을 이용하여 접선을 그려 볼까요?

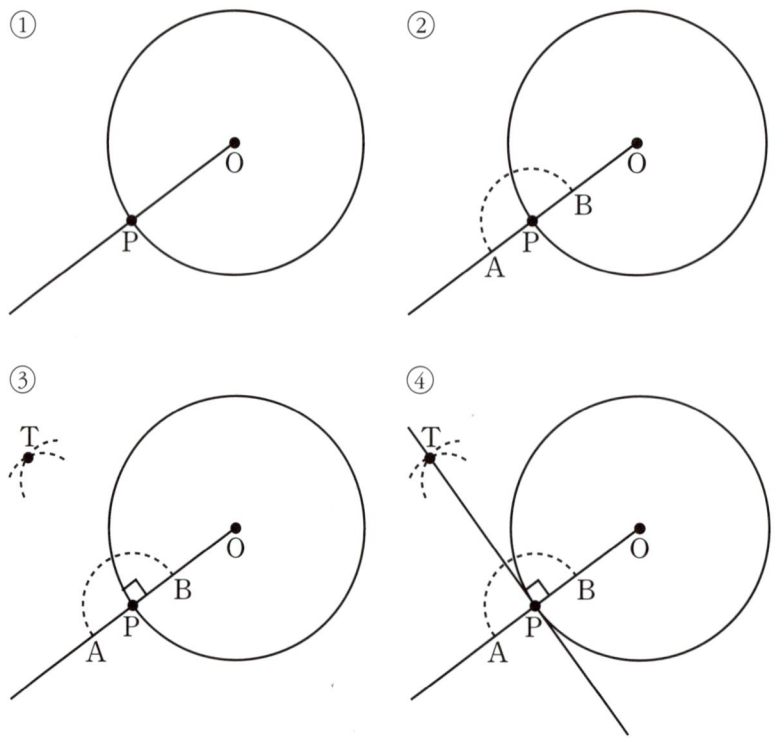

① 먼저 점 O와 점 P를 잇는 선분을 작도합니다.

② 수직이등분선을 긋기 위해 점 P에 컴퍼스의 뾰족한 부분을 둔 후 선분 OP를 넘지 않도록 그림과 같이 돌려 주고, 처음에 그린 선분과 만나는 점을 각각 점 A, B로 표시합니다.

③ 점 A에 다시 컴퍼스의 뾰족한 부분을 두고 선분 AP보다 넓게 돌려 줍니다. 점 A를 기준으로 돌린 선과 점 B를 기준으로 돌린 선이 만나는 점을 점 T로 표시합니다.

④ 마지막으로 점 P와 점 T를 연결하면 점 P를 지나는 접선이 그려지게 됩니다.

방금 우리는 선분 OP와 서로 수직이 되도록 선을 작도하였습니다. 그러므로 직선 PT는 원의 중심 O와 접점 P를 잇는 선분과 수직이 됨이 확인되어 접선이라고 할 수 있습니다. '원의 중심과 접점을 잇는 선분은 접선과 수직이다.'라는 성질 기억나죠?

다음으로 두 번째 접선을 그려 봅시다. 이제부터는 여러분의 노력이 많이 필요합니다. 좀 더 많이 작도해야 하고 더 많은 성질을 이용해야 하거든요. 자, 시작합니다.

2. 원의 외부 점에서 접선 그리기

우리는 원 밖의 한 점에서 원에 2개의 접선을 그을 수 있고, 그 길이가 같다는 사실을 배웠습니다. 접선은 어떻게 그리면 될까요? 원의 중심과 접점을 이어서 앞에서 작도한 것처럼 수직이 됨을 보일 수만 있다면 그릴 수 있겠죠. 그럼 원의 중심은 어떻게 알 수 있을까요?

우리는 첫 번째 수업에서 현의 수직이등분선의 교점이 원의 중심이 된다는 사실을 배웠습니다. 따라서 임의의 두 현을 그려서 원의 중심을 찾을 수 있습니다. 자, 한번 찾아볼까요?

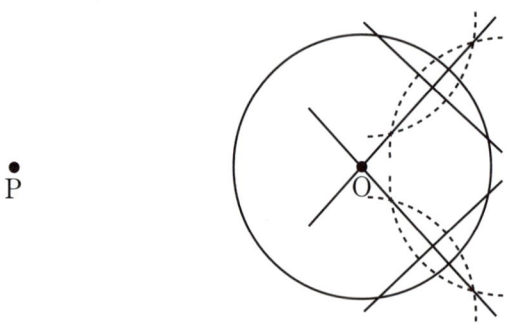

이제 원의 중심과 외부의 점 P를 잇는 선분을 그려 봅시다. 다음 장의 그림처럼요.

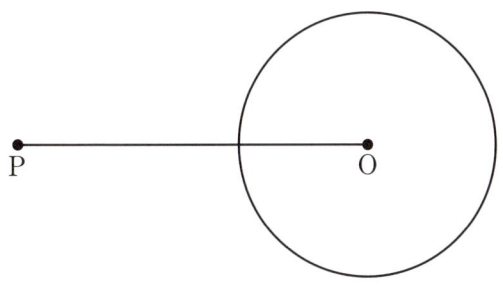

이다음에는 어떻게 해야 할까요? 접점과 원의 중심이 수직이 됨을 보여야 하는데 접점을 찾기가 쉽지 않습니다.

힌트를 하나 주겠습니다. 선분 PO의 중점 O'을 찾아보세요.

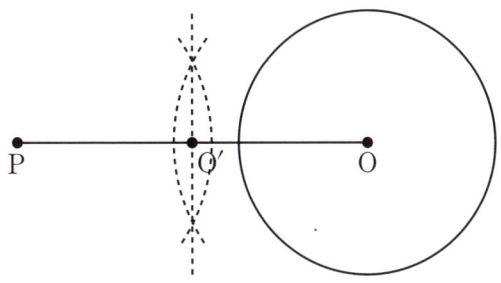

그리고 선분 O'O를 반지름으로 하는 원을 하나 그려 봅니다. 선분 PO'과 선분 O'O는 길이가 같으므로 선분 PO를 지름으로 하는 원이 그려집니다.

원을 그리고 나니 두 원이 만나는 교점이 생겼습니다. 이 교

탈레스의 여섯 번째 수업 139

점이 접점이면 좋겠습니다. 그럼 점 P와 교점을 잇는 선분을 그리면 접선이 될 테니까요.

그런데 신기하게도 정말로 우리가 찾은 두 원의 교점이 접점이 됩니다.

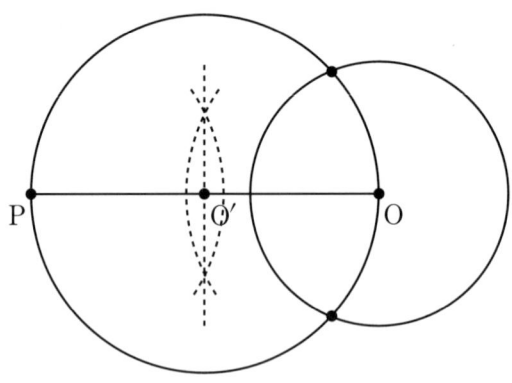

어떻게 된 일인지 확인해 볼까요?

우선 두 원의 교점 중 위에 있는 점과 점 P를 연결해 봅시다. 위에 있는 점을 A라고 하겠습니다. 이제 원의 중심 O와 점 A를 연결해 봅시다. 그러면 △APO가 만들어집니다. 여기서 ∠A가 90°임이 확인된다면 틀림없이 우리가 이은 선 PA는 접선입니다.

그럼 계속해서 다음 그림을 유심히 살펴봅시다.

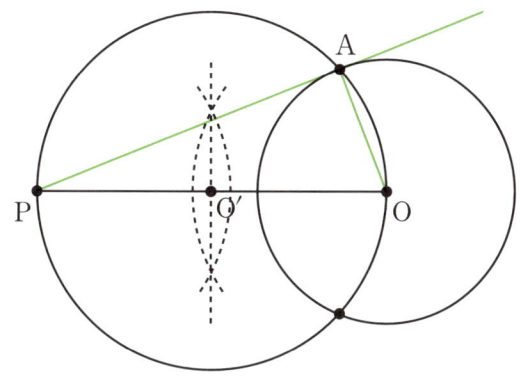

그림을 잘 보면 △APO에서 선분 PO는 우리가 그린 원의 지름입니다. 원의 지름은 중심각이 180°이죠. 그럼 중심각에 대한 원주각의 크기는 어떨까요?

'한 호에 대한 원주각의 크기는 중심각의 $\frac{1}{2}$이다.'

기억나요? 그러므로 ∠A=90°입니다. ∠A는 지름 PO에 대한 원주각이기 때문입니다. 따라서 ∠A가 직각이라는 사실을 알 수 있습니다. 아래의 점을 점 B로 표시하고 원의 중심과 연결하면 마찬가지로 직각이 됨을 알 수 있습니다. ∠B 또한 지름 PO에 대한 원주각이기 때문입니다.

지금 우리가 ∠A와 ∠B가 직각임을 왜 알아야 하는지 잊은 건 아니죠? 바로 접선을 그리기 위해서입니다.

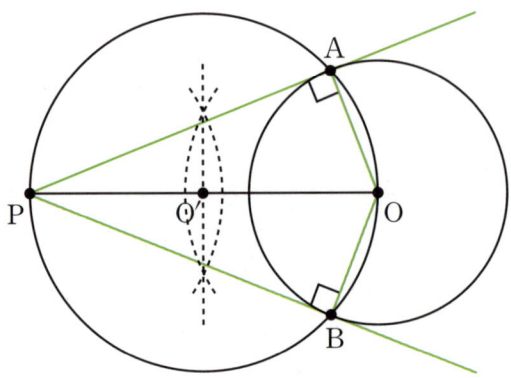

그러므로 우리가 찾은 두 원의 교점은 접점이 됩니다. 이 두 점과 점 P를 연결하면 접선을 그릴 수 있습니다.

이제 마지막으로 원주각을 이용한 접선을 그려 봅시다.

3. 원주각을 이용하여 접선 그리기

점 P를 지나는 접선을 그려 보도록 하죠. 단, 이번에는 원의 중심을 찾지 않고 그려야 합니다.

아무런 힌트가 없는 것 같지요? 이럴 때일수록 침착하게 앞서 배운 내용을 떠올려 봐야 합니다.

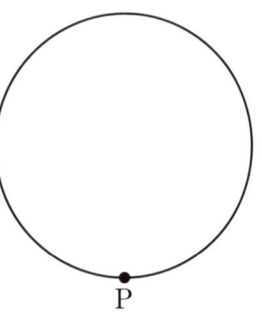

원의 중심을 그리지 않고 작도하려면 원의 다른 성질을 이용해야 한다는 것인데…… 혹시 '접선과 현이 이루는 각은 그 호에 대한 원주각의 크기와 같다.'라는 성질 기억나나요?

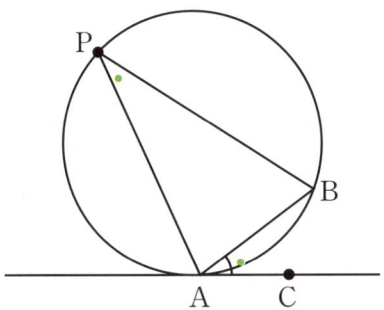

그림을 보니까 생각이 나지요? 이 그림을 활용하여 접선을 작도해 봅시다. 기대하세요.

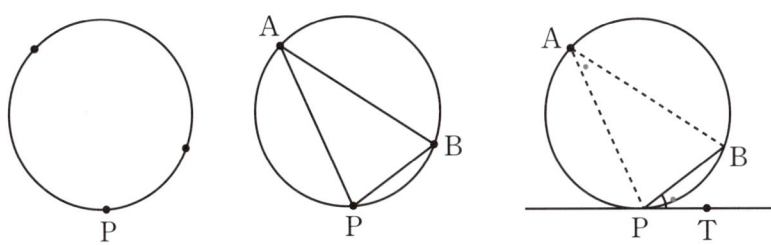

먼저 원 위에 점 P와 적당히 떨어진 두 점을 잡습니다. 그리고 세 점을 이어 봅니다. 그러면 △APB가 생깁니다. 우리가 앞에서 배운 '접선과 현이 이루는 각은 그 호에 대한 원주각의 크기와 같다.'라는 성질 때문에 이 삼각형에서 점 P를 지나는 접선과 선분 PB가 이루는 각의 크기는 ∠PAB와 같아야 합니다. 따라서 ∠PAB의 각을 위에서 배운 방법으로 본떠서 점 P에 옮겨 주면 됩니다. 자, 한번 해 봅시다.

　점 A에 컴퍼스의 뾰족한 부분을 두고 적당히 벌려 돌려 줍니다. 그대로 점 P에도 컴퍼스의 뾰족한 부분을 두고 돌려 줍니다.

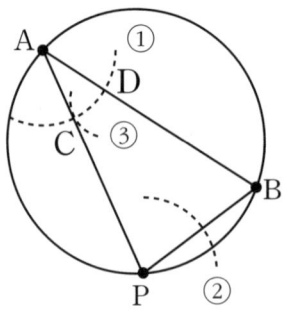

　처음에 돌린 곡선과 △APB가 만나는 두 점을 표시합니다. 그다음 점 D에 컴퍼스의 뾰족한 부분을 두고, 점 C에는 연필 부분을 대고 돌려 줍니다.

　컴퍼스가 벌어진 정도 그대로 선분 PB와 곡선이 만나는 점 E에 컴퍼스의 뾰족한 부분을 두고, 앞서 작도한 방식과 마찬가지로 돌려 줍니다. 마지막으로 방금 생긴 두 곡선의 교점 T와 점 P를 연결해 줍니다.

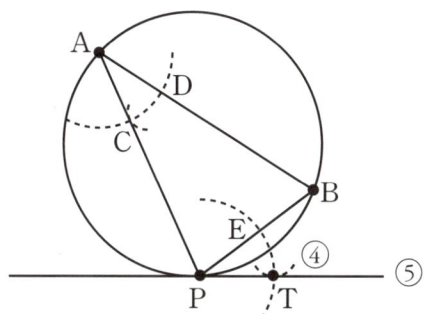

그러면 ∠PAB= ∠BPT가 되어 우리가 그은 선은 점 P를 지나는 접선이 됩니다. '접선과 현이 이루는 각은 그 호에 대한 원주각의 크기와 같다.'라는 성질을 만족하니까요.

이렇게 원의 접선을 작도하면서 우리가 지금까지 배운 내용을 복습해 보고 재검토해 보는 시간을 가져 보았습니다.

우리는 지금까지 총 여섯 번의 수업을 통해 원과 직선이 어떤 관계를 가지는지 알아보았습니다. 그중에서 특히 원과 한 점에서 만나는 직선, 즉 접선에 대해 좀 더 비중 있게 다루어 보았습니다. 여러분이 수학을 공부하면 할수록 접선을 자주 만나게 될 것이기 때문입니다. 그만큼 접선이 우리 생활의 많은 부분에서 활용되고 있다는 뜻이죠.

아무쪼록 나와 함께한 이 시간이 여러분에게 조금이나마 수학에 대한 흥미를 불러일으켰기를 바랍니다.

수업 정리

❶ 원의 중심을 알고 있을 때 접선을 그릴 수 있습니다.

❷ 원 밖의 한 점에서 원에 접선을 그릴 수 있습니다.

❸ 원주각을 이용하여 접선을 그릴 수 있습니다.

❹ 작도한 선분이 접선임을 증명할 수 있습니다.

NEW 수학자가 들려주는 수학 이야기 39
탈레스가 들려주는 원 2 이야기

ⓒ 조재범, 2009

2판 1쇄 인쇄일 | 2025년 7월 7일
2판 1쇄 발행일 | 2025년 7월 21일

지은이 | 조재범
펴낸이 | 정은영
펴낸곳 | (주)자음과모음

출판등록 | 2001년 11월 28일 제2001-000259호
주소 | 10881 경기도 파주시 회동길 325-20
전화 | 편집부 (02)324-2347, 경영지원부 (02)325-6047
팩스 | 편집부 (02)324-2348, 경영지원부 (02)2648-1311
e-mail | jamoteen@jamobook.com

ISBN 978-89-544-5284-7 44410
      978-89-544-5196-3 (세트)

• 잘못된 책은 교환해 드립니다.